信息技术人才培养系列规划教材　　华育兴业产学研合作系列教材

Python
编程基础教程

高建清 陈莉婷 林华灵 卓琳 ◎ 编著

人民邮电出版社
北　京

图书在版编目（CIP）数据

Python编程基础教程 / 高建清等编著. -- 北京：
人民邮电出版社，2021.2
信息技术人才培养系列规划教材
ISBN 978-7-115-54545-9

Ⅰ. ①P… Ⅱ. ①高… Ⅲ. ①软件工具－程序设计－
教材 Ⅳ. ①TP311.561

中国版本图书馆CIP数据核字(2020)第137230号

内 容 提 要

本书以教育部考试中心颁发的《全国计算机等级考试二级 Python 语言程序设计考试大纲（2018年版）》为基础编写，系统地介绍了 Python 语言的基础知识和实用技术。全书分为 10 章，内容主要包括 Python 概述、Python 语法概述、Python 基本数据类型、程序控制结构、函数与模块、组合数据类型、文件操作和数据格式化、面向对象程序设计、异常处理以及 Python 爬虫程序。本书实例丰富，突出了该课程操作性强的特点，且每章都附有实例解析和习题，便于学生课后巩固相关知识。

本书既可作为高等院校各专业的计算机程序设计课程教材，也可作为程序开发人员的参考用书，还可以作为全国计算机等级考试二级 Python 语言程序设计的考试用书。

◆ 编　著　高建清　陈莉婷　林华灵　卓　琳
　责任编辑　李　召
　责任印制　王　郁　马振武

◆ 人民邮电出版社出版发行　　北京市丰台区成寿寺路 11 号
　邮编　100164　电子邮件　315@ptpress.com.cn
　网址　https://www.ptpress.com.cn
　北京天宇星印刷厂印刷

◆ 开本：787×1092　1/16
　印张：11.75　　　　　　　　2021 年 2 月第 1 版
　字数：282 千字　　　　　　2025 年 7 月北京第 6 次印刷

定价：42.00 元

读者服务热线：(010)81055256　印装质量热线：(010)81055316
反盗版热线：(010)81055315

前 言 FOREWORD

随着大数据、人工智能、机器学习的蓬勃发展，Python 得到广泛应用。Python 具有简单易学、可移植、可扩展等特点，在具有高性能的同时成本较低（代码量小、维护成本低、编程效率高），可以用简洁、简短的代码完成任务。目前，Python 被广泛应用于数据分析、图像处理、科学计算等众多领域，因而被越来越多的高校列为程序设计首选语言。

本书采用以案例为重心的编写形式，以培养学生的编程思想和编程能力为目标，以《全国计算机等级考试二级 Python 语言程序设计考试大纲（2018 年版）》为指导纲要而编写，读者通过对本书的学习可以掌握 Python 语言的核心内容。全书共 10 章，第 1 章为 Python 概述，主要介绍 Python 的发展、特性、应用和开发环境的构建；第 2 章为 Python 语法概述，内容包括标识符与关键字、数据类型、语句概述等；第 3 章为 Python 基本数据类型，主要介绍数字类型和字符串类型及其运算；第 4 章为程序控制结构，主要介绍顺序结构、分支结构和循环结构；第 5 章为函数与模块，主要介绍函数的定义与调用、参数传递、代码模块化与复用；第 6 章为组合数据类型，主要介绍集合、序列、列表、元组和字典的类型及操作；第 7 章为文件操作和数据格式化，主要介绍文件的操作和一维、二维数据的处理；第 8 章为面向对象程序设计，主要介绍定义和使用类、类与对象的属性和方法、继承与派生；第 9 章为异常处理，内容包括异常概述及处理流程等；第 10 章为 Python 爬虫程序，主要介绍爬虫三大库和 Scrapy 框架。

本书既强调理论基础，又力求与实践相结合，每个知识点按照先讲解知识、后提供案例的方式编写，每道例题都配有运行结果，一目了然。各章配有实例解析和习题，以加深学生对知识点的理解，提高学生分析问题和解决问题的能力。

本书由福建江夏学院高建清、陈莉婷、林华灵、卓琳编著。其中陈莉婷编写第 1 章~第 3 章、第 5 章，卓琳编写第 4 章，林华灵编写第 6 章和第 7 章，高建清编写第 8 章~第 10 章。本书的编写得到陈圣群、吴小菁和谢玉枚的指导和帮助，在此表示感谢。

编 者
2020 年 10 月

目 录 CONTENTS

附录：全国计算机等级考试二级 Python 语言程序设计考试大纲（2018 年版）....................178

第1章 Python 概述

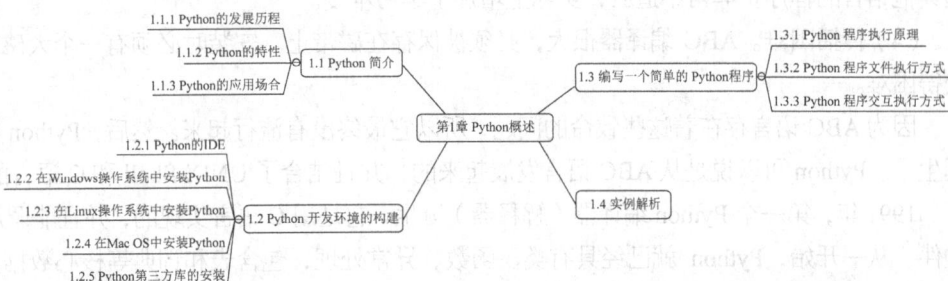

本章重点是掌握 Python 语言的特性、在 Windows 操作系统中安装 Python、代码文件的编写与运行，以及交互模式下代码的编写与运行。

难点是代码文件的编写与运行、交互模式下代码的编写与运行。

1.1 Python 简介

1.1.1 Python 的发展历程

Python 的创始人为吉多·范罗苏姆（Guido van Rossum）。1989 年圣诞节期间，Guido 开始编写 Python 编译器。Python 这个名字来自 Guido 喜爱的电视连续剧《蒙提·派森的飞行马戏团》。

20 世纪 80 年代，计算机浪潮已经被掀起，但是计算机的配置与今天相比还处于相当低的水平。当时所有的编译的核心是做优化，以使程序在内存极小的情况下仍能运行。这就要求程序员在编程时要像计算机一样思考，用尽计算机每一寸的能力，这种情况下连指针都会被认为是在浪费内存，至于动态类型、面向对象等，就只会让计算机陷入瘫痪。

Guido 是一名非常优秀的程序员，他熟练掌握 C 语言和 Shell，但在用 C 语言写代码时也需要耗费大量的时间。同时他也可以选择用 Shell 来编码。Bourne Shell 作为 UNIX 操作系统的解释器已经存在很久，Shell 可以像胶水一样将 UNIX 系统中的许多功能连接在一起。许多用 C 语言编写需要上百行的程序，用 Shell 只需要几行就可以完成。但是 Shell 的本质是调用命令，它并不是一种真正的语言，不能全面地调动计算机的性能。

Guido 希望有一种语言可以兼具 C 语言和 Shell 的优点，既能全面调用计算机的功能接口，又能轻松地编程。当时 Guido 正在参与荷兰数学与计算机科学国家研究中心的 ABC 语言的开发。这种语言与当时大部分语言不同，它以教学为目的，希望让语言变得易读、易用、易学。但是 ABC 语言存在以下致命的问题。

（1）可扩展性差。ABC 语言不是模块化的语言，想在 ABC 语言中增加功能就必须改动很多地方。

（2）不能直接进行输入/输出。尽管可以通过诸如文本流的方式导入数据，但是 ABC 语言无法直接读写文件。

（3）过度革新。ABC 语言太贴近自然语言，虽然很特别、对新手来说很易学，但让大多数还掌握其他语言的程序员非常不适应，实际上增加了学习难度。

（4）传播困难。ABC 编译器很大，必须被保存在磁带上。安装时必须有一个大磁带，所以传播变得困难。

因为 ABC 语言存在着这些致命的问题，所以它最终没有流行起来。然后，Python 在 Guido 手中诞生了。Python 可以说是从 ABC 语言发展起来的，并且结合了 UNIX Shell 和 C 语言的优点。

1991 年，第一个 Python 编译器（解释器）诞生。它是用 C 语言实现的，并且能调用 C 语言的库文件。从一开始，Python 就已经具有类、函数、异常处理，包含表和词典等核心数据类型，以及以模块为基础的拓展系统。

Python 还特别在意可扩展性。Python 可以在多个层次上扩展。在高层，用户可以直接引入.py 文件；在底层，用户可以引用 C 语言的库。Python 程序员可以快速地使用 Python 编写.py 文件作为扩展模块。但是以性能作为重要考虑因素时，Python 程序员可以深入底层，编写 C 程序，并将其编译为.so 文件引入 Python 中。使用 Python 就像建房一样，需要先规定好大的框架，然后在此框架下自由地扩展或更改。

Python 版本的发展历程如下：1994 年 1 月发布 Python 1.0；2000 年 10 月发布 Python 2.0；2004 年 11 月发布 Python 2.4；2006 年 9 月发布 Python 2.5；2008 年 12 月发布 Python 3.0；2015 年 12 月发布 Python 3.5；2016 年 12 月发布 Python 3.6；2018 年 6 月发布 Python 3.7。

至今，Python 的框架已经确立。Python 以对象为核心组织代码，支持多种编程范式，采用动态类型，自动进行内存回收。Python 支持解释运行，并能调用 C 语言的库进行扩展。Python 有强大的标准库，因为标准库的体系已经确定，所以 Python 的动态系统开始扩展到第三方包。这些第三方包包括 Django、web.py、wxPython、numpy、matplotlib 等。

2004 年以后，Python 的使用率呈线性增长。Python 成为最受欢迎的程序设计语言之一，2011 年被 TIOBE 编程语言排行榜评为 2010 年年度语言。

1.1.2　Python 的特性

Python 是一种面向对象、直译式的计算机程序设计语言。Python 的语法简洁而清晰，具有丰富和强大的类库，能满足程序员平时的工作需求。以下列出了 Python 的一些特性。

1. 简单易学

Python 是一种代表简单主义思想的语言，它的语法比较简单，极易上手。如果学习过 C 语言和 C++，学习 Python 就会很轻松。读者可以边学习 Python，边和学过的语言做比较。这样既能巩固之

前所学的知识，也能加深对新知识的理解。

2. 解释型语言

Python 是一种解释型语言，所以在开发过程中没有了编译这个环节。由于不是以本地机器码运行，所以纯粹的解释型语言通常比编译型语言运行得慢。Python 是字节编译的，它的结果是生成一种近似机器语言的中间形式。这不仅改善了 Python 的性能，同时还使它保持了解释型语言的优点。

3. 可扩展性和可嵌入性

如果希望一段关键代码运行得更快或者不公开某些算法，可以把部分程序用 C 语言或 C++语言编写，然后在 Python 程序中使用它们；也可以把 Python 程序嵌入 C/C++程序，这样就可以向用户提供脚本功能。

4. 面向对象语言

Python 既支持面向过程编程，也支持面向对象编程。在面向过程编程中，程序员可以复用代码；在面向对象编程中，可以使用基于数据和函数的对象。

5. 具有丰富的编程库

Python 编程库很庞大，包括正则文档生成、表达式、线程、数据库、网页浏览器、CGI、FTP、电子邮件、XML、HTML、WAV 文件、GUI（Graphical User Interface，图形用户界面）、密码系统、Tk 等。

6. 免费、开源

Python 程序员可以自由地发布、阅读源代码，也可以对源代码做改动、将其用到新的软件中。

1.1.3 Python 的应用场合

Python 是一种简单、易学并且很有发展前景的编程语言。很多人都对 Python 感兴趣，但是当学完 Python 基础用法之后，又会产生迷茫，尤其是自学的人员，不知道接下来的 Python 学习方向是什么，以及学完之后能干些什么。以下是 Python 四大应用领域。

1. Web 开发

JavaScript 也是解释型语言，JavaScript 在 Web 开发中已经应用得较为广泛，原因是它有一套成熟的框架。Python 也可以作为 Web 开发的语言，虽然不是最合适的语言，但 Python 也有其独特的优势。例如 Python 相比于 JavaScript、PHP 在语言层面较为完备，而且对于同一个开发需求能够提供多种方案。Python 库的内容丰富，使用方便。Python 在 Web 方面也有自己的框架，如 Django 和 Flask 等。用 Python 开发的 Web 项目小而精，支持最新的 XML 技术，而且数据处理的功能较为强大。

2. 网络软件开发

Python 支持各种网络协议。在爬虫领域，Python 几乎是"霸主"地位，它将网络中的一切数据作为资源，通过自动化程序进行有针对性的数据采集以及处理。

3. 人工智能

现在人工智能(Artificial Intelligence, AI)技术很火热，从硬件到软件都有很多企业在研究。Python 有强大而丰富的库以及数据分析能力，例如在神经网络、深度学习方面，Python 都能够找到比较成熟的包来加以调用。Python 是面向对象的动态语言，且适用于科学计算，这就使 Python 在人工智能方面备受青睐。虽然人工智能程序不限于 Python，但依旧为 Python 提供了大量的 API（Application Programming Interface，应用程序接口），这是因为 Python 中包含较多的适用于人工智能的模块，如 sklearn 模块等。调用方便、科学计算功能强大依旧是 Python 在 AI 领域最强大的竞争力。

4. 数据分析与处理

通常情况下，Python 会被用来做数据分析。程序员可以用 C 语言设计一些底层的算法进行封装，然后用 Python 进行调用。因为算法模块较为固定，所以可以用 Python 直接进行调用，方便且灵活，也可以根据数据分析与统计的需要灵活使用。Python 也是一个比较完善的数据分析生态系统，其中的 matplotlib 经常会被用来绘制数据图表，它是一个 2D 绘图工具，有着良好的跨平台交互特性。日常做描述统计用到的直方图、散点图、条形图等都会用到它，只需几行代码即可出图。我们日常看到的 K 线图、月线图也可用 matplotlib 绘制。如果在证券行业做数据分析，那么 Python 是必不可少的。Pandas 是 Python 在做数据分析时常用的数据分析包，它是开源工具。Pandas 可对较为复杂的二维或三维数组进行计算，同时还可以处理关系型数据库中的数据，R 语言中的 data.frame 计算的范围要远远小于 Pandas 中的 DataFrame 的范围，所以 Python 的数据分析能力要强于 R 语言。除此之外，Python 中的 SciPy 可以解决很多科学计算的问题，如微分方程、矩阵解析、概率分布等数学问题。

以下是 Python 在一些公司的运用。

（1）Google：谷歌应用程序引擎、Google 爬虫、Google 广告和其他项目正在广泛使用 Python。

（2）CIA（美国中央情报局）：其网站是用 Python 开发的。

（3）NASA（美国国家航空航天局）：广泛使用 Python 进行数据分析和计算。

（4）YouTube：视频网站 YouTube 是用 Python 开发的。

（5）Dropbox：美国在线云存储网站，全部用 Python 实现，每天处理超 10 亿份的文件上传和下载。

（6）Instagram：美国照片共享社交网站，每天有 3000 多万张照片被共享，该网站是用 Python 开发的。

（7）Facebook：其大量的基本库是通过 Python 实现的。

（8）Red Hat：Linux 发行版中的 Yum 包管理工具是用 Python 开发的。

（9）豆瓣：几乎所有公司的业务都是通过 Python 开发的。

除此之外，还有搜狐、金山、腾讯、盛大、网易、百度、阿里、淘宝、土豆、新浪、果壳等公司也在使用 Python 来完成各种任务。

1.2 Python 开发环境的构建

在开始编程之前，需要搭建 Python 开发环境，下面简要介绍如何下载和安装 Python。Python 在不同平台中的安装方式不同，本节分别介绍了在 Windows、Linux 和 Mac OS 3 种操作系统中安装 Python 的方法。

1.2.1 Python 的 IDE

Python 的学习过程需要用到 IDE（Integrated Development Environment，集成开发环境）或者代码编辑器，或者集成的开发编辑器。Python 开发工具可以帮助开发者加快使用 Python 开发的速度，以提高效率。表 1.1 所示为 Python 的 IDE 的介绍。

表 1.1   **Python 的 IDE**

工具	特性
Vim	Vim 是高级文本编辑器，提供实际的 UNIX 编辑器 "Vi" 功能，支持更多、更完善的特性集。学习 Vim 不需要花费太多的时间
Eclipse with PyDev	Eclipse with PyDev 允许开发者创建有用和交互式的 Web 应用。PyDev 是 Eclipse 开发 Python 的 IDE，支持 Python、Jython 和 IronPython 的开发
Sublime Text	Sublime Text 是最流行的编辑器之一，支持多种语言，在开发者社区非常受欢迎。Sublime 有自己的包管理器，开发者可以使用它来安装组件、插件和额外的样式
Emacs	GNU Emacs 是可扩展、可自定义的文本编辑器。Emacs 的核心是 Emacs Lisp 解析器，它支持文本编辑。如果你已经使用过 Vim，可以尝试一下 Emacs
Komodo Edit	Komodo Edit 是非常干净、专业的 Python IDE
PyCharm	PyCharm 是 JetBrains 开发的 Python IDE。PyCharm 具有一般 IDE 具备的功能，如调试、语法高亮、Project 管理、代码跳转、智能提示、自动完成、单元测试、版本控制等。另外 PyCharm 还提供了一些很好的功能用于 Django 开发，同时支持 Google App Engine 和 IronPython
Wing	Wingware 的 Python IDE 兼容 Python 2.x 和 Python 3.x，可以结合 Django、matplotlib、Zope、Plone、App Engine、PyQt、PySide、wxPython、PyGTK、Tkinter、mod_wsgi、Pygame、Maya、MotionBuilder、NU、KE、Blender 和其他 Python 框架使用。Wing 支持测试驱动开发、集成单元测试、nose 和 Django 框架的执行和调试功能。Wing IDE 启动和运行的速度都非常快，支持 Windows、Linux、Mac OS X 和 Python versi
PyScripter	PyScripter 是一款免费开源的 Python IDE

1.2.2   在 Windows 操作系统中安装 Python

第一步：下载 Python 安装包。

在 Python 的官网中找到最新版本的 Python 安装包，进行下载。需要注意，如果计算机是 32 位的，请选择 32 位的安装包；如果是 64 位的，请选择 64 位的安装包。

第二步：安装。

（1）双击 Python 安装包，弹出安装程序界面，如图 1.1 所示。

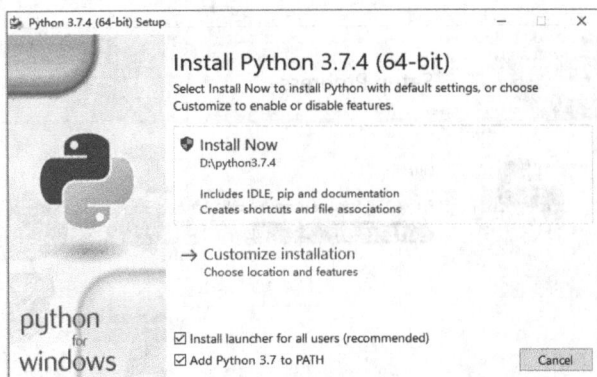

图 1.1   安装程序界面

这里需要注意的是，要勾选 Add Python 3.7 to PATH 复选框，将 Python 加入 Windows 的环境变

量中，如果忘记勾选，则需要手动将其加到环境变量中。选择自定义安装，进行下一步操作。

（2）选择需要安装的组件，如图 1.2 所示，然后单击"Next"按钮进入下一步。

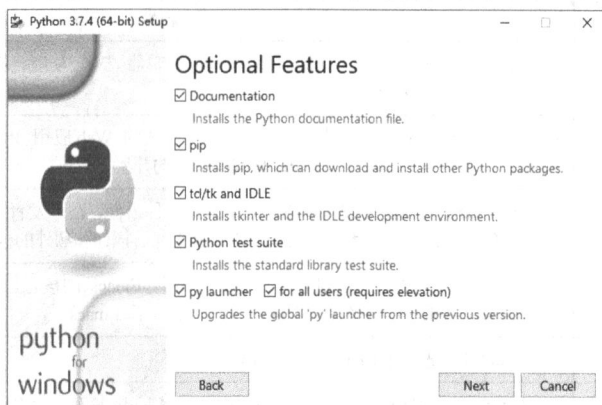

图 1.2　选择需要安装的组件的界面

（3）自定义安装路径，如图 1.3 所示。

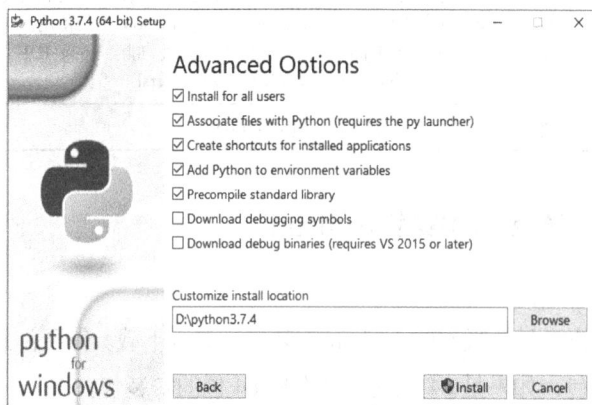

图 1.3　自定义安装路径的界面

（4）单击"Install"按钮，开始安装，安装过程的界面如图 1.4 所示。

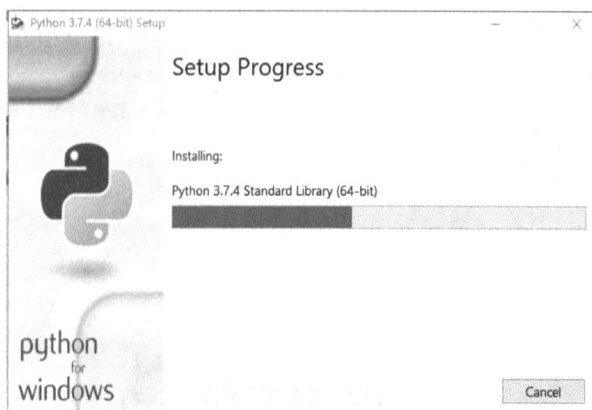

图 1.4　安装过程的界面

（5）安装完成后，将显示安装成功界面，如图 1.5 所示。

图 1.5　安装成功界面

第三步：测试。

Python 安装好之后，要检测一下是否安装成功。以管理员身份运行命令行程序 cmd.exe，输入 python -V，然后按回车键，若出现 DOS 检测的界面，如图 1.6 所示，则表示安装成功。

图 1.6　DOS 检测的界面

第四步：编写程序。

安装成功之后，就可以开始编写 Python 程序，这里我们输出一个 hello world。打开 cmd.exe，输入 python 后按回车键，进入 Python 程序中，在里面输入 print("hello world")，按回车键，测试的界面如图 1.7 所示。

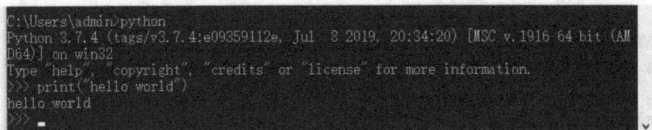

图 1.7　测试的界面

第五步：配置 Python 环境变量。

如果在刚才安装的时候，忘记将 Python 加入 Windows 的环境变量，那么就需要手动配置环境变量，之后才能使用 Python，配置的方法如下。

（1）右击"此电脑"，然后单击"属性"选项，如图 1.8 所示。

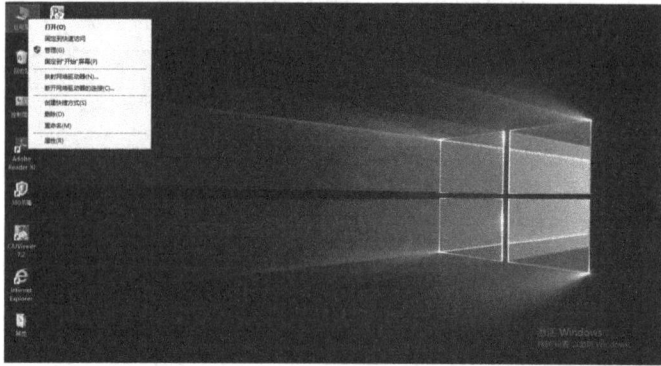

图 1.8　单击"属性"选项

（2）在弹出的界面中单击"高级系统设置"选项（不同的 Windows 操作系统版本，弹出的界面不完全相同），"系统"界面如图 1.9 所示。

图 1.9　"系统"界面

（3）在弹出的对话框中单击"环境变量"按钮，如图 1.10 所示。

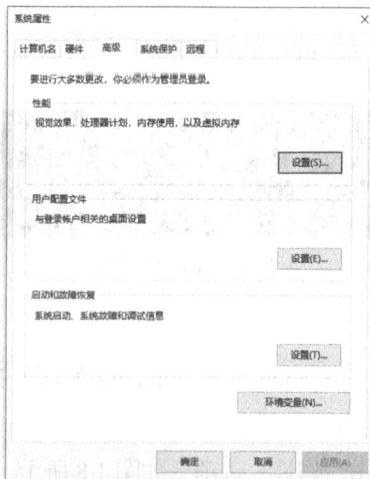

图 1.10　"系统属性"对话框

（4）在弹出的对话框中进行环境变量的配置，如图 1.11 所示。

找到系统变量中"Path"一项，选中后单击"编辑"按钮；将之前安装的 Python 的完整路径添加到最后面，注意要在完整的路径前加一个";"，然后单击"确定"按钮，保存所做的修改。至此环境变量就设置好了。

设置完成后，可以按照上面的方法进行测试，以确保环境变量设置正确。

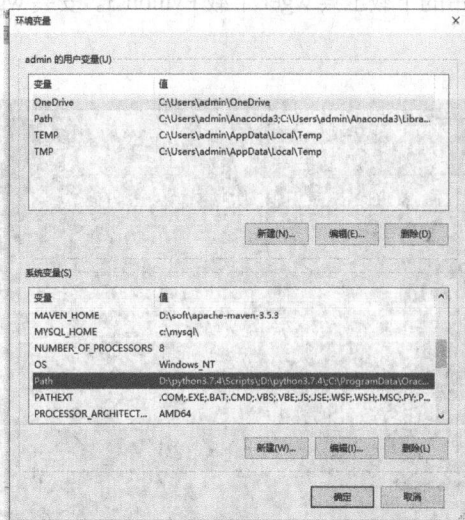

图 1.11 "环境变量"对话框

1.2.3 在 Linux 操作系统中安装 Python

Linux 操作系统是为编程而设计的，所以大多数 Linux 计算机中都默认安装了 Python。

第一步：检测 Python 版本。

在 Linux 系统中运行应用程序 Terminal（如果使用的是 Ubuntu 版本，可按 Ctrl + Alt + T 组合键；如果用的是 CentOS 或者 Red Hat 版本，可按 Ctrl + Alt + F4 组合键进入命令行模式，直接输入 python 指令），打开一个终端窗口。为确定是否安装了 Python，输入 python 指令。输出将类似图 1.12 所示，它指出了安装的 Python 版本；最后的">>>"是一个提示符。

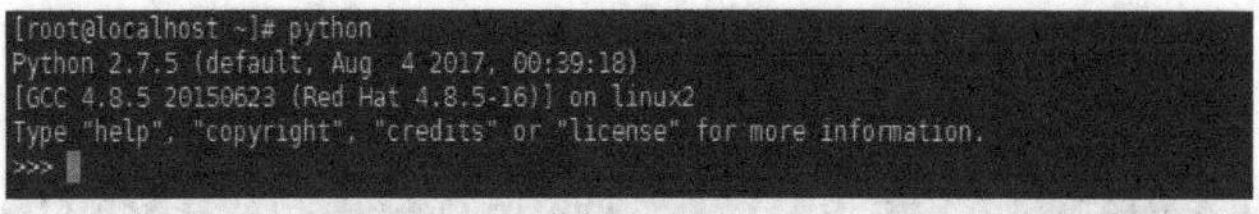

图 1.12 终端窗口

图 1.12 中的输出表明，当前计算机默认使用的 Python 版本为 Python 2.7.5。此时，如果要退出 Python，可按 Ctrl + D 组合键或执行命令 exit()。

要检查系统是否安装了 Python 3，需要指定相应的版本。例如输入 python3 指令，如图 1.13 所示。

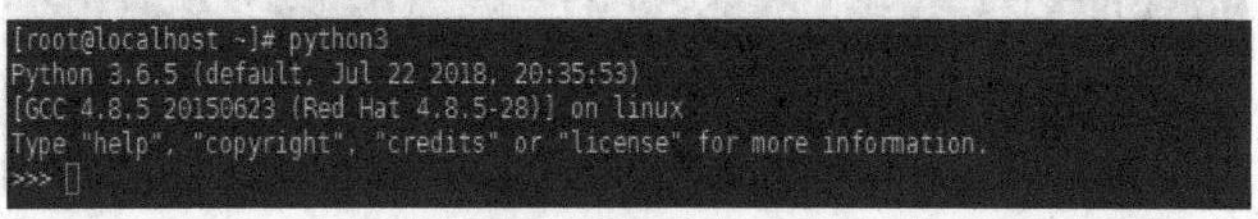

图 1.13 检测版本

图 1.13 中的输出表明，系统中也安装了 Python3，因此可以使用这两个版本中的任何一个。在这种情况下，可以输入 python 或 python3 指令分别进入 Python 2 和 Python 3 的交互式模式。大多数 Linux 操作系统都默认安装了 Python，但如果 Linux 操作系统不知什么原因没有安装 Python 或只安装了 Python 2，则需要安装 Python 3，步骤如下。

第二步：安装 Python 3 版本。

（1）可利用 Linux 系统自带的下载工具 wget 下载 Python 3。安装 wget 服务（输入指令 yum install wget），如图 1.14 所示。

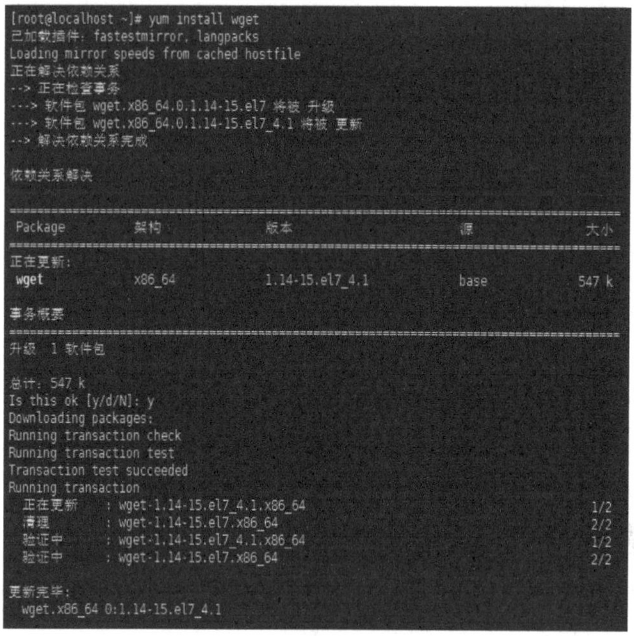

图 1.14　安装 wget 服务

如果安装的是最小版的 CentOS 系统，那么在使用编译命令前，必须安装 wget 服务。如果使用过编译工具则可跳过安装 wget 服务，直接进行编译步骤。如果不知道 CentOS 系统是否已安装 wget 服务，可以输入 wget 指令查看是否安装了 wget 服务，如图 1.15 所示，接着输入指令从官网进行下载。

图 1.15　输入 wget 指令

（2）下载完成后到下载目录下解压下载文件（输入指令 tar – zxvf Python-3.6.5.tgz），如图 1.16 所示。

图 1.16　下载 Python 3.6.5

（3）解压完成后，进入解压目录（输入指令 cd Python-3.6.5/），如图 1.17 所示。

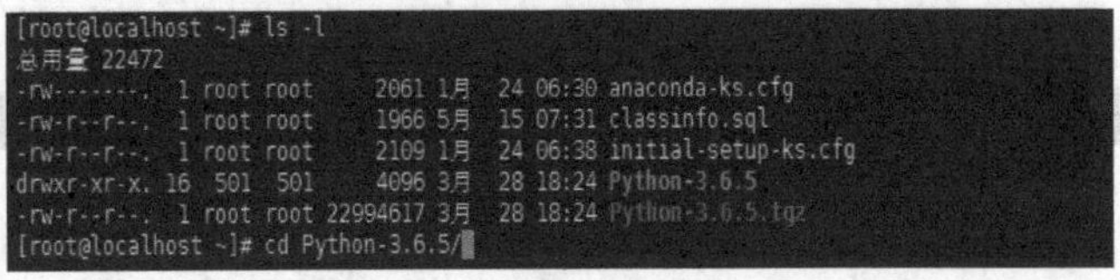

图 1.17　解压 Python 3.6.5

（4）安装 Python 3 前先在/usr/local 中创建一个文件夹，即目录 python3（作为 Python3 的安装路径，以免覆盖 Python 2 版本），输入指令 mkdir /usr/local/python3（此处新建文件夹用的是 mkdir 指令，如果是新建文件则用 touch 指令），如图 1.18 所示。

图 1.18　创建新文件夹

（5）检查是否安装了 gcc 编译套件（若要安装 gcc 编译套件，则输入指令 yum install gcc），如图 1.19 所示。

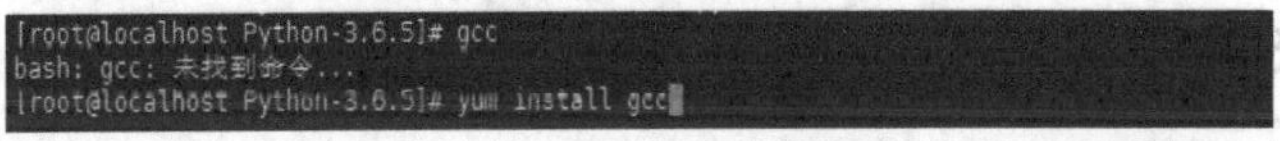

图 1.19　检测 gcc 编译套件

图 1.19 的前两行表明未安装 gcc 编译套件，所以在使用编译命令前，必须安装 gcc 编译套件。如果安装了 gcc 编译套件，或者使用过编译工具则可跳过安装 gcc 编译套件，直接进行下面的编译步骤。输入配置安装路径指令./configure --prefix=/usr/local/python3，如图 1.20 所示。

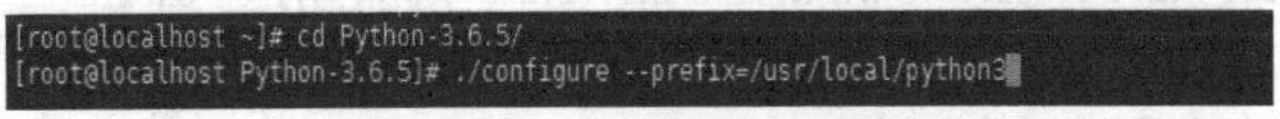

图 1.20　输入配置安装路径指令

输入编译指令 make，如图 1.21 所示。

图 1.21　输入编译指令

输入安装指令 make install，如图 1.22 所示。

图 1.22　输入安装指令

（6）此时没有覆盖老版本，再将原来的/usr/bin/python 链接改为别的名字（如果要保留两个版本，即一个 Python，一个 Python3，则转到第 7 步）。

输入指令 mv /usr/bin/python /usr/bin/python_old2，如图 1.23 所示，接着把第 7 步指令最后的 python3 改为 python，执行一次，这样就完成了老版本的覆盖。

```
[root@localhost ~]# mv /usr/bin/python /usr/bin/python_old2
```

图 1.23　更改版本

（7）再建立新版本 Python 的链接。

输入指令 ln -s /usr/local/python3/bin/python3　/usr/bin/python3，如图 1.24 所示。

```
[root@localhost ~]# ln -s /usr/local/python3/bin/python3 /usr/bin/python3
```

图 1.24　建立新版本的链接

（8）输入指令 python –V 检测 Python 版本，如图 1.25 所示。

```
[root@localhost bin]# python -V
Python 2.7.5
[root@localhost bin]# python3 -V
Python 3.6.5
[root@localhost bin]#
```

图 1.25　检测 Python 版本

1.2.4　在 Mac OS 中安装 Python

第一步：检测 Python 版本。

Mac OS 中是默认安装了 Python 的，可以在终端（Terminal）上查看对应的版本，输入指令为 python，运行结果如图 1.26 所示。

```
Last login: Fri Jun  5 17:46:03 on ttys000
chenxianfengdeMac-mini:~ ceshi$ python
Python 2.7.10 (default, Jul 14 2015, 19:46:27)
[GCC 4.2.1 Compatible Apple LLVM 6.0 (clang-600.0.39)] on darwin
Type "help", "copyright", "credits" or "license" for more information.
>>>
```

图 1.26　检测 Python 版本

可以看到默认安装的版本为 Python 2.7.10，如果开发只需要 Python 2.7.10，就不需要继续进行下面的操作。

第二步：安装 Python 3.7。

（1）确认计算机的系统位数，如图 1.27 所示。在终端（Terminal）输入指令 uname -a，结果中的 x86_64 表示该计算机的系统位数为 64 位。

```
Last login: Fri Jun  5 17:49:31 on ttys000
chenxianfengdeMac-mini:~ ceshi$ uname -a
Darwin chenxianfengdeMac-mini.local 14.5.0 Darwin Kernel Version 14.5.0: Wed Jul
 29 02:26:53 PDT 2015; root:xnu-2782.40.9~1/RELEASE_X86_64 x86_64
chenxianfengdeMac-mini:~ ceshi$
```

图 1.27　确认计算机的系统位数

（2）进入 Python 官网。

根据系统位数和 Python 的版本下载安装包，本书以 64 位系统和 Python 3.7 为例，如图 1.28 所示。

- Python 3.7.0 - June 27, 2018
  - Download macOS 64-bit/32-bit installer
  - Download macOS 64-bit installer

图 1.28　下载页面

下载的安装包如图 1.29 所示。

图 1.29　下载的安装包

（3）开始安装，安装界面如图 1.30 所示，单击"继续"按钮，安装成功界面如图 1.31 所示。

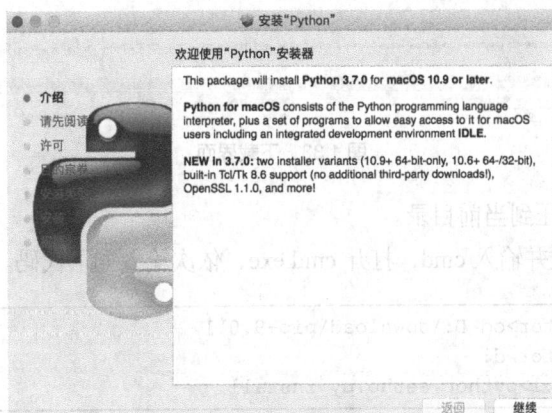

图 1.30　安装界面

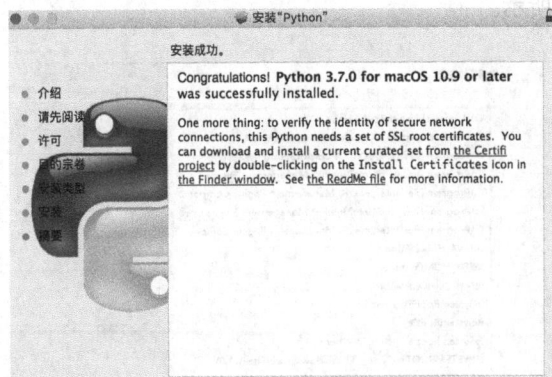

图 1.31　安装成功界面

（4）查看是否安装成功，可在终端输入指令 python3，如图 1.32 所示。

```
chenxianfengdeMac-mini:~ ceshi$ python3
Python 3.7.0 (v3.7.0:1bf9cc5093, Jun 26 2018, 23:26:24)
[Clang 6.0 (clang-600.0.57)] on darwin
Type "help", "copyright", "credits" or "license" for more information.
>>>
```

图 1.32　检测是否安装成功

1.2.5　Python 第三方库的安装

第一步：安装 pip。

（1）下载 pip 到 D:\download，如图 1.33 所示。

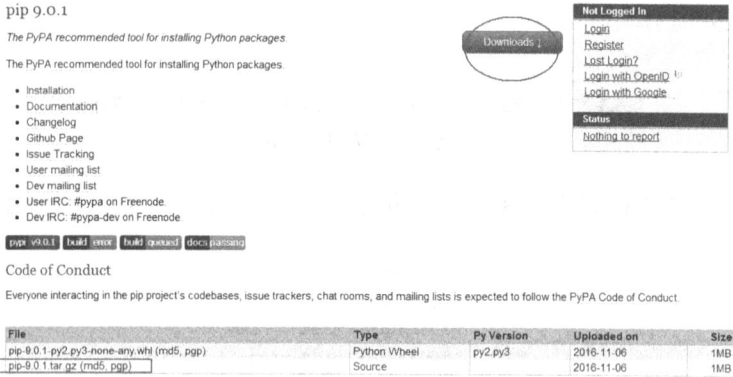

图 1.33　下载界面

（2）下载完成后，解压到当前目录。

（3）按 Win+R 组合键并输入 cmd，打开 cmd.exe，依次输入如下代码。

```
C:\Users\Administrator>cd D:\download\pip-9.0.1
C:\Users\Administrator>d:
D:\download\pip-9.0.1>python setup.py install
```

（4）配置环境变量，在系统变量的 Path 变量中添加 pip 的安装路径，即 Python 安装路径下的 Scripts 文件夹，如图 1.34 所示。

图 1.34　配置环境变量

（5）配置完成后，重新打开 cmd.exe，直接输入 pip -V 或 pip –version 指令，程序将显示 pip 的版本信息，如图 1.35 所示。

图 1.35 检测 pip 版本

第二步：安装 wheel（用离线安装下载下来的 .whl 文件）。

打开 cmd.exe，直接输入 pip install wheel 指令。

第三步：安装第三方库。

（1）在线安装。

在 cmd 窗口中直接输入 pip install + 包名指令，如 pip install requests。

> 用这种方式安装时会自动下载第三方库，而且安装完成后并不会删除，如需删除请到它的默认下载路径下手动删除。

Windows 7 系统的默认下载路径为：

c:\用户\(你的用户名)\AppData\Local\pip\cache\

Linux 系统的默认下载路径为：

~/.cache/pip

也可以不删除 cache，输入 --no-cache-dir 指令就可以禁用缓存。

（2）离线安装。

在 http://www.lfd.uci.edu/~gohlke/pythonlibs/ 下载所需的库的 .whl 文件，注意文件名中的 cp** 应与安装的版本相匹配。如安装 Python 2.7 时，应下载对应的 cp27 的 .whl 文件。

输入 pip install **.whl 指令即可安装对应的第三方库，前提是已安装 wheel。

（3）解压安装。

将 .whl 文件的后缀改为 .zip，然后解压，将解压后的文件夹放入 Python/Lib/site-packages 中即可。

1.3 编写一个简单的 Python 程序

本节将介绍 Python 程序的执行原理，并通过 Python 程序文件执行方式和 Python 程序交互执行方式两种方式来实现第一个 Python 程序：Hello World。

1.3.1 Python 程序执行原理

Python 是一种脚本语言，编辑完成的源程序称为源代码，可以直接运行。Python 程序的运行过程分成两个步骤：解释器将源代码翻译成字节码，然后由虚拟机解释执行，如图 1.36 所示。

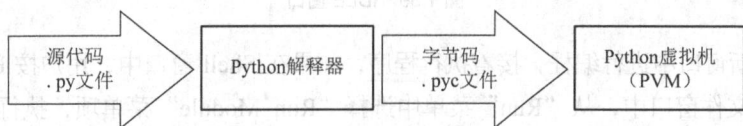

图 1.36 Python 程序的执行原理

Python 先把源代码（.py 文件）编译成字节码（.pyc 文件），再由 Python 虚拟机（Python Virtual Machine，PVM）一条一条执行字节码指令，从而完成程序的执行。字节码在 Python 虚拟机程序里对应的是 PyCodeObject 对象。

如果 ptest.py 文件中没有加载其他模块，那么运行 python ptest.py 会把 ptest.py 文件编译成字节码并解释执行，不会生成 ptest.pyc 文件。

如果 ptest.py 文件中加载了其他模块，例如 import model1，Python 会把 model1.py 文件编译成字节码，生成 model1.pyc 文件，然后对字节码解释执行。

如果想生成 ptest.pyc 文件，可以使用 Python 内置模块 py_compile 来编译。加载模块时，如果同时存在.py 文件和.pyc 文件，Python 会尝试使用.pyc 文件；如果.pyc 文件的编译时间早于.py 文件的修改时间，则会重新编译.py 文件并更新.pyc 文件。

1.3.2　Python 程序文件执行方式

（1）单击计算机的系统中的"开始"按钮，如图 1.37 所示。

（2）找到并单击 IDLE 程序，如图 1.38 所示。

图 1.37　单击"开始"按钮　　　图 1.38　找到并单击 IDLE 程序

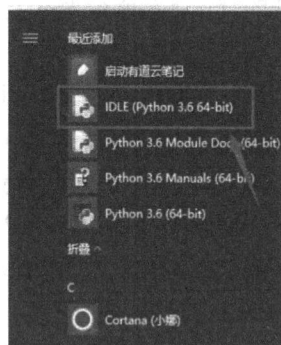

（3）在 IDLE 打开的情况下，按 Ctrl+N 组合键新打开一个窗口，如图 1.39 所示。

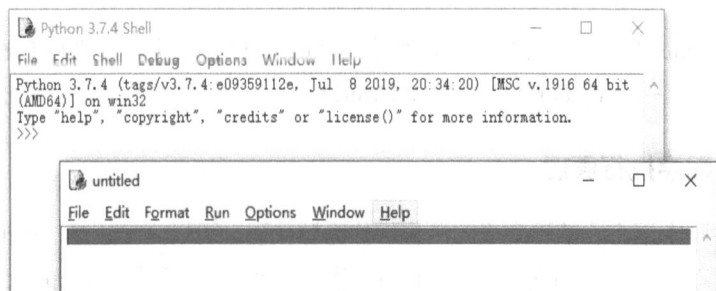

图 1.39　IDLE 窗口

（4）然后在新窗口中进行编程，接着执行程序，如果在 Shell 窗口中，用户按 Enter 键就可以执行程序。如果在文件窗口中，从"Run"菜单中选择"Run Module"菜单项，执行代码文件，如图 1.40 所示。

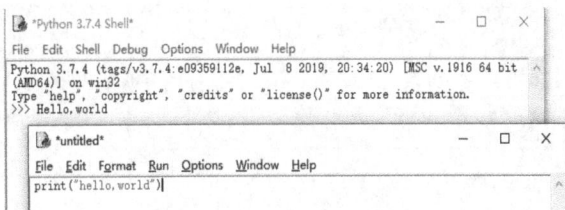

图 1.40　Hello World 程序

1.3.3　Python 程序交互执行方式

（1）打开 Python 交互式环境。

Python 下载安装完成之后，打开 cmd.exe 或 PowerShell，输入 python 指令，即可看到出现 ">>>"，这意味着已经进入 Python 交互式环境，如图 1.41 所示。

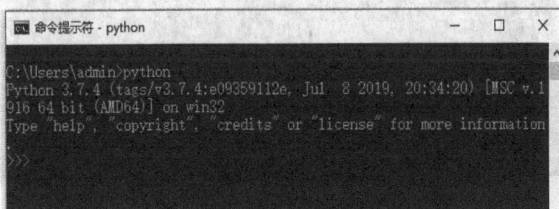

图 1.41　Python 交互式环境

（2）利用 print() 函数完成 Python 第一个程序：Hello World。

在 Python 交互式环境中输入 print('Hello World')，按回车键，即可看到控制台输出的 Hello World 字符串，这就是最简单的 Python 程序，如图 1.42 所示。

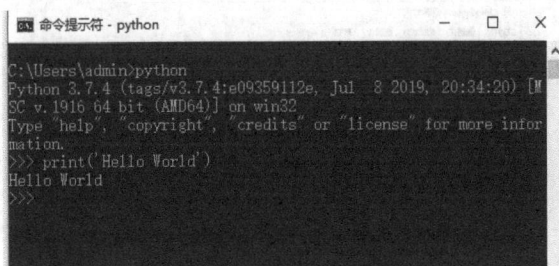

图 1.42　Hello World 程序

（3）退出 Python 交互式环境。

在 Python 交互式环境中输入 exit() 指令即可退出 Python 交互式环境，如图 1.43 所示。

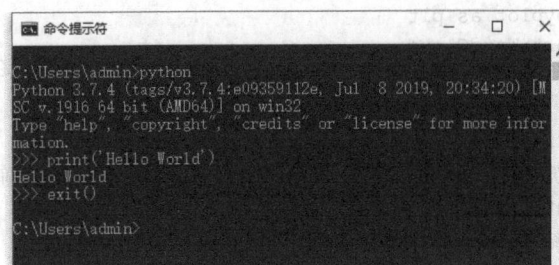

图 1.43　退出 Python 交互式环境

1.4 实例解析

1. 案例说明

用 Python 做词云。

2. 实现步骤

（1）安装第三方库 jieba、matplotlib 和 wordcloud，以 wordcloud 安装为例，具体步骤如图 1.44 所示。

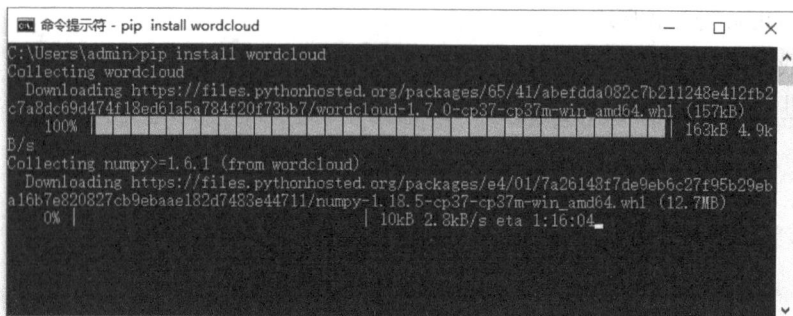

图 1.44 安装 wordcloud 库

（2）准备数据。

词云分析的对象是文本。文本可以是各种语言，本案例文本数据是英文小说 *Chivalry* 的介绍。数据存储在 Chivalry.txt 文件中，具体内容如图 1.45 所示。

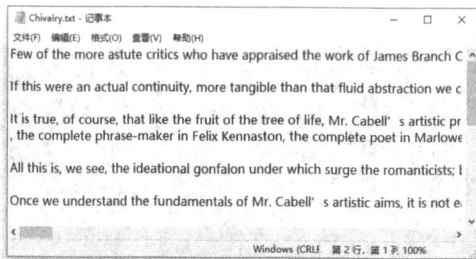

图 1.45 Chivalry.txt

（3）编写代码。

```python
import jieba
import matplotlib.pyplot as plt
from wordcloud import WordCloud

# 1.读入 txt 文本数据
text = open('Chivalry.txt', "r").read()
# 2.结巴中文分词，生成字符串，默认精确模式，如果不通过分词，无法直接生成正确的中文词云
cut_text = jieba.cut(text)
# 指定空格字符连接分词结果中的元素后生成一个新字符串
result = " ".join(cut_text)
# 3.生成词云图，这里需要注意的是 WordCloud 默认不支持中文，所以这里需已下载好中文字库
```

```
# 无自定义背景图：需要指定生成词云图的像素大小，默认背景颜色为黑色，统一文字颜色：mode='RGBA' 和
colormap='pink'
wc = WordCloud(
        # 设置字体，不指定就会出现乱码
        # 设置背景色
        background_color='white',
        # 设置背景宽
        width=500,
        # 设置背景高
        height=350,
        # 最大字体
        max_font_size=50,
        # 最小字体
        min_font_size=10,
        mode='RGBA'
        #colormap='pink'
        )
# 产生词云
wc.generate(result)
# 保存图片
wc.to_file("Chivalry.png")
# 4.显示图片
# 指定所绘图名称
plt.figure("Chivalry")
# 以图片的形式显示词云
plt.imshow(wc)
# 关闭图像坐标系
plt.axis("off")
plt.show()
```

（4）输出结果如图 1.46 所示。

图 1.46 Chivalry.png

1.5 本章小结

本章介绍了 Python 的发展历程、特性和应用场合，具体讲解了 Python 在 Windows、Linux 和 Mac OS 这 3 种操作系统中的安装方式，再通过 Python 交互方式和 Python 文件方式来实现第一个 Python 程序：Hello World，最后安装第三方库 wordcloud，通过实例解析讲解 Python 做词云方法。

1.6 习题

选择题

（1）Python 是一种_____类型的编程语言。

    A. 汇编语言   B. 机器语言   C. 解释   D. 编译

（2）下面不属于 Python 特性的是_____。

    A. 简单易学   B. 开源的、免费的   C. 属于低级语言   D. 可移植性高

（3）Python 脚本文件的扩展名是_____。

    A. .pt   B. .pye   C. .py   D. .pyc

（4）_____方面的应用不适合 Python 开发。

    A. 系统运维   B. Web 开发   C. 人工智能   D. 数据分析与处理

（5）在 Python 中安装扩展库常用的是_____工具。

    A. pip   B. install   C. exit   D. make

（6）Python 在_____年的圣诞节期间被荷兰人 Guido van Rossum 发明。

    A. 1988   B. 1989   C. 1990   D. 1999

（7）第一个 Python 解释器于_____年问世。

    A. 1989   B. 1990   C. 1991   D. 1999

（8）采用 IDLE 进行交互式编程时，其中的 ">>>" 符号是_____。

    A. 运算操作符   B. 程序控制符

    C. 命令提示符   D. 文件输入符

第 2 章 Python 语法概述

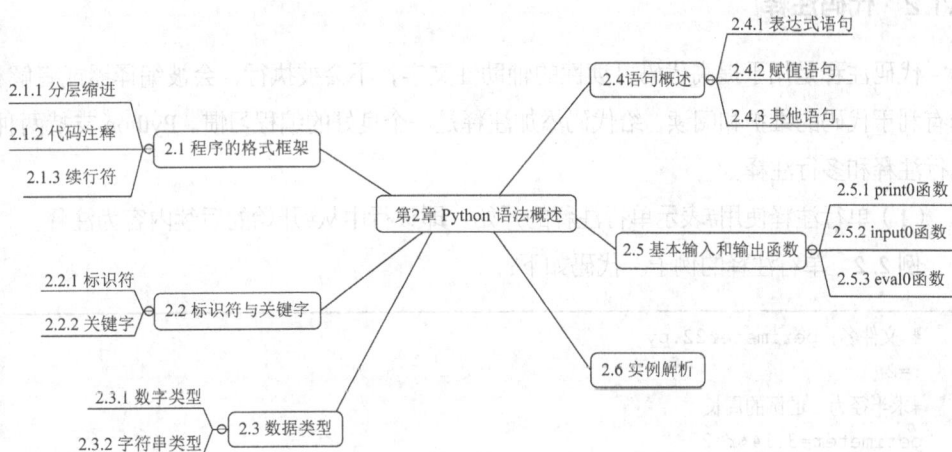

本章重点是掌握程序的格式框架、标识符与关键字、语句概述、基本输入和输出函数。

难点是基本输入和输出函数。

2.1 程序的格式框架

2.1.1 分层缩进

Python 与其他语言相比，一个比较大的区别是它采用缩进来控制类、函数、分支等的逻辑判断。Python 的代码编写一般是顶行编写并且不留空白的。缩进是指每行语句开始的空白区域，Python 用它来表示程序的包含和层次关系。

例 2.1 判断两个数的大小，大数加 10，并输出。代码如下：

```
a=5
b=12
if  a>=b :
  a=a+10
```

```
    print(a)
else:
    b=b+10
    print(b)
```

（1）缩进可通过 Tab 键和多个空格（一般是 4 个空格）来实现，但是二者不能混合使用。

（2）缩进的空白数量是可变的，但是所有代码块语句必须包含相同的缩进空白数量。

（3）Python 对语句之间的层次关系没有限制，可以嵌套使用多层缩进。

2.1.2 代码注释

代码注释是用于提高代码可读性的辅助性文字，不会被执行，会被编译器或者解释器略过。注释有利于代码的维护和阅读，给代码添加注释是一个良好的编程习惯。Python 支持两种格式的注释：单行注释和多行注释。

（1）单行注释使用#表示单行注释的开始，即该行中从#开始的后续内容为注释。

例 2.2　单行注释的例子。代码如下：

```
# 文件名: perimeter22.py
r=2
#求半径为 2 的圆的周长
perimeter=3.14*r*2
print(perimeter)#输出圆的周长
```

程序运行后的结果如下：

```
12.56
```

（2）多行注释以 3 个单引号(''')或 3 个双引号(""")表示注释的开始，以 3 个单引号(''')或 3 个双引号(""")表示注释结束。

例 2.3　多行注释的例子。代码如下：

```
'''
这是多行注释，使用单引号。
这是多行注释，使用单引号。
这是多行注释，使用单引号。
'''
"""
这是多行注释，使用双引号。
这是多行注释，使用双引号。
这是多行注释，使用双引号。
"""
```

2.1.3　续行符

Python 对每行代码的长度是没有限制的，但是单行代码太长不利于阅读，因此可以使用续行符将单行代码分割为多行。Python 的续行符用反斜杠（\）符号表示。

例 2.4　续行符的例子。代码如下：

```
print("我是一名程序员，"\
        "我刚开始"\
        "学 Python")
```

程序运行后的结果如下：

```
我是一名程序员，我刚开始学 Python
```

注意

（1）续行符后面不能跟空格。
（2）续行符后直接换行，且换行后必须写内容。

2.2　标识符与关键字

2.2.1　标识符

标识符是开发人员在程序中自定义的一些符号和名称，如变量名、函数名、数组名、类名等。Python 关于标识符的语法规则如下。

（1）标识符由字母、下画线和数字组成，长度不受限制。

（2）标识符的第一个字符不能是数字字符。

（3）标识符不能是关键字。

（4）标识符区分大小写。

2.2.2　关键字

关键字，也称为保留字，是具有特定用途或者被赋予特殊意义的单词，Python 不允许开发者自己定义和关键字同名的标识符。以下是 Python 的 37 个关键字。

and、as、assert、break、class、continue、def、del、elif、else、except、exec、finally、for、from、global、if、in、import、is、lambda、not、or、pass、print、raise、return、try、while、with、yield、False、None、nonlocal、True、async、await

其中，Python 二级考试涉及的关键字共 22 个，如下所示。

False、True、and、as、break、continue、def、del、elif、else、except、for、from、global、if、in、import、not、or、return、try、while

例 2.5 标识符与关键字的例子。代码如下：

```
flag = False
name = 'Luren'
if name =='python':
    flag = True
    print('welcome boss')
else:
    print(name)
```

程序运行后的结果如下：

```
Luren
```

本例中的标识符有 flag、name，关键字有 False、if、True、print 和 else。

2.3　数据类型

数据类型在数据结构中的定义是指一个值的集合以及定义在这个值集上的一组操作。

变量用来存储值的所在处，它有名字和数据类型。变量的数据类型决定了如何将代表这些值的位置存储到计算机的内存中。在声明变量时也可指定它的数据类型。所有变量都具有数据类型，以决定能够存储哪种数据。

Python 支持多种数据类型，如数字类型、字符串类型、元组类型、集合类型等，本节将介绍最简单的数字类型和字符串类型。

2.3.1　数字类型

数字类型用于存储数值。他们是不可改变的数据类型，这意味着改变数字类型会分配一个新的对象。Python 支持以下 4 种不同的数字类型，本章简单介绍整数和浮点数类型。

- int（有符号整数类型）
- bool（布尔类型）
- float（浮点数类型）
- complex（复数）

Python 可以处理任意大小的整数，包括负整数，整数在程序中的表示方法与其在数学上的写法一模一样，例如 1、100、−8080、0。

计算机内部采用二进制，但使用十六进制表示整数更为方便，十六进制用 0x 前缀和 0~9、a~f 表示，例如 0xff00、0xa5b4c3d2。

浮点数也就是小数，之所以称为浮点数，是因为按照科学记数法表示时，一个浮点数的小数点位置是可变的，例如 1.23×10^9 和 12.3×10^8 是完全相等的。浮点数可以用数学写法表示，例如 1.23、3.14、−9.01。但是对于很大或很小的浮点数，就必须用科学记数法表示，把 10 用 e 替代，例如 1.23×10^9 可以写成 1.23e9 或 12.3e8，0.000012 可以写成 1.2e-5。

整数和浮点数在计算机内部存储的方式是不同的，整数运算永远是精确的，而浮点数运算则可能会因四舍五入而产生误差。

例 2.6　整数和浮点数的例子。代码如下：

```
i1=12
i2=0x3F2
i3=i1+i2
print(i3)
f1=1.23
f2=1.23e4
f3=f1+f2
print(f3)
```

程序运行后的结果如下：

```
1022
12301.23
```

2.3.2　字符串类型

字符串是以一对单引号（''）或一对双引号（""）括起来的任意文本，如'abc'、"xyz"。请注意，''或""本身只是一种表示方式，不是字符串的一部分，因此字符串'abc'只有 a、b、c 这 3 个字符。如果单引号本身也是一个字符，则可以用一对双引号括起来，例如"I'm OK"包含的字符有 I、'、m、空格、O、K 这 6 个字符。

例 2.7　字符串类型的例子。代码如下：

```
a='hello world'
print(a)
b="I'm a cat"
print(b)
```

程序运行后的结果如下：

```
hello world
I'm a cat
```

2.4　语句概述

Python 中的语句主要包括表达式语句、赋值语句、函数调用语句、控制语句等。

2.4.1　表达式语句

Python 的表达式语句由表达式组成。而 Python 的表达式分为以下几类：算术表达式、赋值表达式、关系表达式、逻辑表达式等。

例 2.8 表达式语句的例子。代码如下：

```
a=3 #赋值表达式语句
b=4 #赋值表达式语句
sum=a+b #算术表达式语句
T=a>b #关系表达式语句
B=a>3 and b<4 #逻辑表达式语句
print(a,b,sum,T,B)
```

程序运行后的结果如下：

```
3 4 7 False False
```

2.4.2　赋值语句

赋值语句包含 3 部分：左值、赋值运算符和右值。赋值语句有两个用途：定义新的变量和让已定义的变量指向特定值。

例 2.9 赋值语句的基本形式的例子。代码如下：

```
x=20
```

本例中创建了新变量 x，并将值 20 赋给了它。其中 x 为左值，=为赋值运算符，20 为右值。

> （1）左值必须是变量。
> （2）右值可以是变量、值或结果为值的任何表达式。

2.4.3　其他语句

1. 函数调用语句

例 2.10 函数调用语句的例子。代码如下：

```
s=input("请输入一个名字：")
print(s)
```

程序运行后的结果如下：

```
请输入一个名字：张三
张三
```

本例中的 input() 和 print() 两个函数是内置函数，Python 中还有很多内置的函数可以直接调用。

2. 控制语句

控制语句分为分支语句和循环语句，将在后面的 4.2 节、4.3 节中介绍。

2.5　基本输入和输出函数

程序一般是用来处理数据的，往往需要接收用户输入的数据，运算后再输出结果。通常从键盘输入数据，在显示器上显示计算的结果。在 Python 中，数据的输入和输出通过调用内置函数 input() 和 print() 来完成。

2.5.1　print()函数

Python 提供了 print() 内置函数用于输出运算结果，默认的标准输出是显示器。print()函数的使用格式如下：

print([obj1,…][,sep=' '][,end=' \n'][,file=sys.stdout])

> **说明**
>
> （1）[]表示可以省略的参数，即全部都可以省略，同时省略后 3 个参数时表示使用上述的默认值（等号指定的默认值）。
> （2）sep 表示分隔符，即第一个参数 obj1，obj2，…之间的分隔符，默认是''。
> （3）end 表示结尾符，即句末的结尾符，默认为' \n'。
> （4）file 表示输出位置，即输出到文件还是命令行（终端），默认为 sys.stdout，即命令行。

例 2.11　print()函数的例子。代码如下：

```
print(456)#说明（1）
print(456,'abc',78, 'cat') #说明（2）
print(456, 'abc', 78, 'cat',sep='#',end='=') #说明（3）
file1=open('d://data.txt', 'w') #说明（4）
print(456, 'abc',78, 'cat',file=file1)
file1.close()
```

程序运行后的结果如下：

```
456
456 abc 78 cat
456#abc#78#cat=
```

> **说明**
>
> （1）使用默认的分隔符 sep=''，句末的结尾符为' \n'，即输出 456。
> （2）使用默认的分隔符 sep=''，句末的结尾符为' \n'，即输出 456 abc 78 cat。
> （3）使用默认的分隔符 sep='#'，句末的结尾符为'='，即输出 456#abc#78#cat=。
> （4）打开 d 盘中的 data.txt 文件，写入 456 abc 78 cat。

2.5.2　input()函数

Python 提供了 input() 内置函数从标准输入读入一行文本，默认的标准输入是通过键盘实现的。input()函数的使用格式如下：

　　<变量>=input("提示字符串")

说明

（1）变量和提示字符串都可以省略。

（2）用户的输入以字符串形式返回给变量。

（3）无论用户输入的是字符还是数字，按 Enter 键才算完成输入，按 Enter 键之前的所有内容将作为输入字符串赋给变量。

例 2.12 input() 函数的例子。代码如下：

```
x=input("请输入 x=")
y=input("请输入 y=")
z=x+y
print("x+y=",z)
```

程序运行后的结果如下：

```
请输入 x=123
请输入 y=456
x+y=123456
```

执行上面的程序时，用户虽然输入的是 123 和 456，但是通过 input() 函数读入并赋值给变量时是以字符串形式赋值给变量的，所以 + 在这里起到的是连接字符串的功能。

2.5.3 eval() 函数

Python 提供了 eval() 函数用来执行一个字符串表达式，并返回表达式的计算结果。eval() 函数的使用格式如下：

<变量>=eval(expression[, globals[, locals]])

说明

（1）expression：一个 Python 表达式或 compile() 函数返回的代码对象。

（2）globals：可选，必须是字典对象（dictionary）。

（3）locals：可选，可以是任意映射对象（map）。

例 2.13 eval() 函数一般使用的例子。代码如下：

```
x = 4
y=eval('3*x')
print('y=',y)
z=eval('4/2')
print('z=',z)
k=eval('2+2')
print('k=',k)
```

程序运行后的结果如下：

```
y= 12
z= 2.0
k= 4
```

执行上面的程序时，eval()函数去掉了字符串'3*x'的引号，把其内容 3*x 当作 Python 语句进行运算，运算的结果为 12，保存到变量 y 中，并输出其值。eval()函数去掉了字符串'4/2'的引号，把其内容 4/2 当作 Python 语句进行运算，运算的结果为 2.0，保存到变量 z 中，并输出其值。eval()函数去掉了字符串'2+2'的引号，把其内容 2+2 当作 Python 语句进行运算，运算的结果为 4，保存到变量 k 中，并输出其值。

例 2.14　eval()函数特殊情况的例子。代码如下：

```
a=eval('book')
print('a=',a)
```

程序运行后的结果如下：

```
Traceback (most recent call last):
  File "H:/备课/大数据/newwork/sljx44.py", line 491, in <module>
    a=eval('book')
  File "<string>", line 1, in <module>
NameError: name 'book' is not defined
```

执行上面的程序时，解释器报错，eval()函数去掉了字符串'book'的引号，把其内容 book 当作 Python 语句进行运算，这个时候 book 被解释成一个变量，而这之前并没有定义过变量 book，所以解释器会报错。正确的代码如下：

```
book='It is a cat! '
a=eval('book')
print('a=',a)
```

程序运行后的结果如下：

```
a= It is a cat!
```

eval()函数和 input()函数经常结合一起使用，用来获取用户输入的值，使用格式如下：
<变量>=eval(input('提示字符串'))

例 2.15　eval()函数和 input()函数结合使用的例子。代码如下：

```
X=12
Y=13
Z=eval(input("请输入有关于 X 和 Y 的表达式: "))
print('Z=',Z)
```

程序运行后的结果如下：

```
请输入有关于 X 和 Y 的表达式：X*2+Y*3
Z=63
```

执行上面的程序时，input()函数从键盘中读入了一行字符串，eval()函数去掉了字符串'X*2+Y*3'的引号，把其内容 X*2+Y*3 当作 Python 语句进行运算，运算的结果为 63，保存到变量 Z 中，并输出其值。

2.6 实例解析

1. 案例说明

编写一个程序：根据输入的星期几的第一个字母来判断是星期几，如果第一个字母一样，则继续判断第二个字母。

2. 编程思路

（1）星期的单词：Monday、Tuesday、Wednesday、Thursday、Friday、Saturday、Sunday。其中 Saturday 与 Sunday、Tuesday 与 Thursday 的第一个字母一样，因此需要比较第二个字母。

（2）利用分支结构进行判断。双分支结构语句的语法如下：

if 条件表达式：

　　语句 1

else：

　　语句 2

其功能是先计算条件表达式的值，当表达式的值为真时，执行语句 1；当表达式的值为假时，执行语句 2。

（3）利用本章所学的 print() 和 input() 函数进行输出和输入操作。

3. 程序代码

```python
#从键盘中读入一个字符
letter = input("请输入一个字母:")
if letter == 'S':
    letter = input("请输入第二个字母:")
    if letter == 'a':
        print('Saturday')
    elif letter == 'u':
        print('Sunday')
    else:
        print('输入有误! ')
elif letter == 'F':
    print('Friday')
elif letter == 'M':
    print('Monday')
elif letter == 'T':
    letter = input("请输入第二个字母:")
    if letter == 'u':
        print('Tuesday')
    elif letter == 'h':
        print('Thursday')
    else:
        print('输入有误! ')
elif letter == 'W':
    print('Wednesday')
else:
    print('输入有误! ')
```

4. 输出结果

程序的运行后的结果如下：

```
请输入一个字母:S
请输入第二个字母:a
Saturday
请输入一个字母:F
Friday
```

2.7　本章小结

本章初步介绍了 Python 的基本语法元素，主要内容有：程序的格式框架、标识符与关键字、数据类型、语句概述、基本输入和输出函数等，帮助读者初步掌握编写 Python 程序的基本概念。最后通过"根据输入星期几的第一个字母来判断是星期几，如果第一个字母一样，则继续判断第二个字母"的例子来理解并实践 Python 基本语法元素。

2.8　习题

1. 选择题

（1）以下选项中，符合 Python 变量命名规则的是_____。

    A. 5cat　　　　　　　B. #fish　　　　　　　C. temp　　　　　　　D. if

（2）关于 Python 程序格式框架，以下选项中描述错误的是_____。

    A. 分支、循环、函数等语法形式能通过缩进包含一段 Python 代码，进而表达对应的语义

    B. Python 的缩进可以通过 Tab 键实现

    C. Python 不采用严格的缩进来表明程序的格式框架

    D. Python 单层缩进代码属于之前最邻近的一行非缩进代码，多层缩进代码根据缩进关系决定其所属范围

（3）以下选项中，不是 Python 保留字的是_____。

    A. for　　　　　　　B. while　　　　　　　C. True　　　　　　　D. do

（4）关于赋值语句，以下选项中描述错误的是_____。

    A. 赋值与二元操作符可以组合，如*=

    B. c,d=d,c 可以实现 c 值和 d 值的互换

    C. e,f,h=f,h,e 是不合法的

    D. 赋值语句采用符号=

（5）关于 Python 的注释，以下选项中描述错误的是_____。

    A. Python 的多行注释以'''（3 个单引号）开头和结尾

    B. Python 的单行注释以#开头

    C. Python 有两种注释方式：单行注释和多行注释

    D. Python 多行注释以"开头

（6）以下程序运行后的结果是＿＿＿＿＿＿。

```
print(0.1+0.2==0.3)
```

    A. true   B. True   C. false   D. False

（7）在一行上写多条 Python 语句要使用的符号是＿＿＿＿＿＿。

    A. 冒号   B. 逗号   C. 引号   D. 分号

（8）关于 Python 赋值语句，以下选项中不合法的是＿＿＿＿＿＿。

    A. a=b=1   B. a,b=b,a   C. a=1;b=1   D. a=(b=1)

（9）以下选项中，不是 Python 数据类型的是＿＿＿＿＿＿。

    A. 整数   B. 字符串   C. 小数   D. 列表

（10）以下程序运行后的 c 的值是＿＿＿＿＿＿。

```
a=input("请输入 a=")
b=input("请输入 b=")
c=a+b
print(c)
```

程序运行后的部分结果如下：

```
请输入 a=12
请输入 b=34
```

    A. 12   B. 34   C. 46   D. 1234

2. 编程题

（1）输入一个整数 n，计算并输出 2 的 n 次方的结果。

（2）输入一个整数 s，计算并输出该数的平方的结果。

03 第3章 Python 基本数据类型

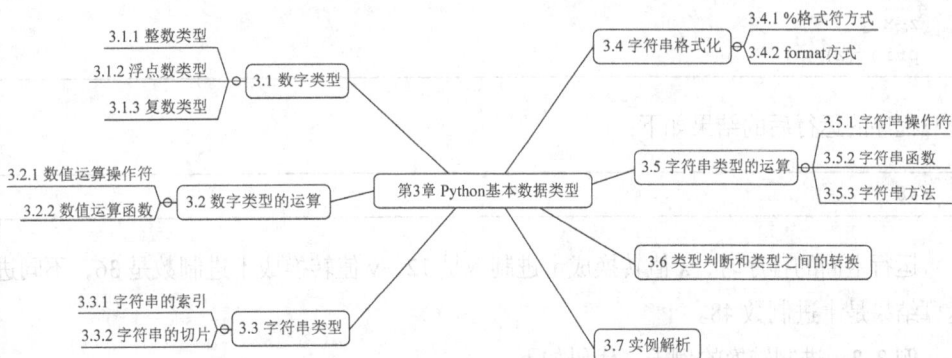

本章重点是掌握数字类型、数字类型的运算、字符串类型、字符串格式化、字符串类型的运算、类型判断和类型之间的转换。

难点是数字类型的运算、字符串格式化、字符串类型的运算。

3.1 数字类型

我们可以将计算机理解为做数学计算的机器,计算机程序就是用来处理文本、图形、音频、视频、网页等各种各样的数据的程序。使用不同的数据,需要定义对应的数据类型。Python 提供了 3 种数字类型:整数类型、浮点数类型和复数类型。

3.1.1 整数类型

Python 的整数类型可以处理任意大小的整数,没有取值范围的限制。在 Python 3.0 中,整数类型只有一种类型,而某些语言有多种类型,如长整数类型、短整数类型等。

整数类型的常量有 4 种表示方式:二进制、十进制、八进制和十六进制,如表 3.1 所示。对不同进制的整数可以直接进行比较或者运算,运算结果默认以十进制方式表示。

表 3.1   **4 种进制**

进制	引导符号	描述
十进制	无	由字符 0~9 表示，如 12、－12
二进制	0B 或 0b	由字符 0 和 1 表示，如 0B1100(12)、0b11000(24)
八进制	0O 或 0o	由字符 0~7 表示，如 0O30(24)、0o44(36)
十六进制	0X 或 0x	由字符 0~9、A~F 或 a~f 表示，如 0X18(24)、0x24(36)

例 3.1 进制运算的例子。代码如下：

```
x=0B1100  #十进制数 12
y=0o44  #十进制数 36
z=x+y
print(z)
```

程序的运行后的结果如下：

```
48
```

运行上面的程序时，x 值转换成十进制数是 12，y 值转换成十进制数是 36，不同进制进行运算，运算结果是十进制数 48。

例 3.2 进制转换的例子。代码如下：

```
number = 12
print(hex(number))#十进制转换成十六进制
print(oct(number))#十进制转换成八进制
print(bin(number))#十进制转换成二进制
num_hex = '0x10'
num_oct = '0o10'
num_bin = '0b10'
print(int(num_hex,16))
print(int(num_oct,8))
print(int(num_bin,2))
```

程序运行后的结果如下：

```
0xc
0o14
0b1100
16
8
2
```

运行上面的程序时，hex()函数用于把十进制数转换成十六进制数；oct()函数用于把十进制数转换成八进制数；bin()函数用于把十进制数转换成二进制数；int(x, base)中的 x 为字符串或者数字，base 为进制数，默认为十进制，int()函数用于将一个字符串或数字转换为整数。

3.1.2　浮点数类型

Python 的浮点数类型的数字由整数部分与小数部分组成，是指带有小数点的数字。浮点数的数值范围有限制，小数精度也有限制，具体限制由不同计算机系统决定。在 Python 3.0 中，浮点数类型只有一种类型（float），但在其他语言中有两种类型，如单精度（float）和双精度（double）。

浮点数类型的常量有两种表示：十进制形式带有小数点和科学记数法。

（1）十进制形式带有小数点，例如 1.2、- 1.2。

（2）科学记数法使用字母 E 或者 e 作为幂的符号，以 10 作为基数，例如 1.2e3、3.6E-3。

例 3.3　浮点数的例子。代码如下：

```
x=2.01+3.02
print("x=",x)
t1=x==5.03
print("t1=",t1)
y=round(x,2)
print("y=",y)
t2=y==5.03
print("t2=",t2)
```

程序运行后的结果如下：

```
x= 5.029999999999999
t1= False
y= 5.03
t2= True
```

（1）x 的值不是 5.03，而是 5.029999999999999，因为 Python 的浮点数运算存在一个"不确定尾数"的问题。在计算机内部，浮点数 0.1 的二进制表示是一个无限循环的数，即 0.0001100110011 0011001100110011001100110011…，具体保留位数由计算机表示浮点数的位数决定。因此只能很接近 0.1，而不能等于 0.1。

（2）要解决 Python 中不确定尾数的问题，可以使用 round()函数。round(x, n) 是一个用于进行四舍五入的函数，其中 x 是浮点数，n 是保留的小数位数，返回值是浮点数 x 的四舍五入值。

3.1.3　复数类型

Python 用复数类型来表示数学中的复数。复数由实数部分和虚数部分构成，其中虚数部分不能单独存在，它们总是和实数部分一起构成一个复数。

Python 语言的复数类型的一般格式如下：

real+imagj

（1）real 表示实数部分，imag 表示虚数部分。

（2）虚数部分必须有后缀 j 或 J。

（3）实数部分和虚数部分都是浮点数。

（4）当 imag 为 1 时，1 不能省略，即用 1j 表示虚部。

例 3.4　复数的例子。代码如下：

```
x=64.375+1j
y=4.23-8.5j
z=x+y
print(z.real,"+",z.imag,"j")
print(z)
```

程序运行后的结果如下：

```
68.605 + -7.5 j
(68.605-7.5j)
```

3.2　数字类型的运算

3.2.1　数值运算操作符

Python 支持 7 种数值运算操作符，如表 3.2 所示。

假设变量 x=10、y=20。

表 3.2　　　　　　　　　　　　　　　　数值运算操作符

运算符	描述	实例
+	加：两个对象相加	x + y 的计算结果为 30
-	减：得到负数或是一个数减去另一个数	x - y 的计算结果为 -10
*	乘：两个数相乘或是返回一个被重复若干次的字符串	x * y 的计算结果为 200
/	除：y 除以 x	y / x 的计算结果为 2.0
%	取模：返回除法的余数	y % x 的输出结果为 0
**	幂：返回 x 的 y 次幂	x**y 为 10 的 20 次幂，计算结果为 100000000000000000000
//	取整除：返回商的整数部分（向下取整）	9//2 的计算结果为 4 -9//2 的计算结果为 -5

例 3.5　数值运算操作符的例子。代码如下：

```
x=2.0
y=1e-2
result1=x+y
result2=x/y
result3=x ** 2
result4=result3*2//7
result5=5%x
print("result1=",result1,",result2=",result2,",result3=",result3)
print("result4=",result4,",result5=",result5)
```

程序运行后的结果如下:

```
result1= 2.01 ,result2= 200.0 ,result3= 4.0
result4= 1.0 ,result5= 1.0
```

（1）加减乘除运算与数学含义是一致的。
（2）整数除（//）运算的结果是不大于 result3*2 与 7 之商的最大整数。
（3）模（%）运算的结果是 0-1 区间的值。

例 3.6　整数、浮点数和复数的混合运算的例子。代码如下:

```
x=12 #整数
y=3.0 #浮点数
z=5+2j #复数
result1=x+y
result2=x+z
result3=x/5
print("result1=",result1,",result2=",result2,",result3=",result3)
```

程序运行后的结果如下:

```
result1= 15.0 ,result2= (17+2j) ,result3= 2.4
```

（1）整数与浮点数混合运算的结果是浮点数。
（2）除法（/）运算的结果是浮点数。
（3）整数或浮点数与复数运算的结果是复数。

Python 数值运算操作符与赋值操作符的组合如表 3.3 所示。

表 3.3　　　　　　　　　　　　　　增强赋值运算操作符

运算符	描述	实例
+=	加法赋值运算符	z += x 等效于 z = z + x
-=	减法赋值运算符	z -= x 等效于 z = z - x
*=	乘法赋值运算符	z *= x 等效于 z = z * x
/=	除法赋值运算符	z /= x 等效于 z = z / x
%=	取模赋值运算符	z %= x 等效于 z = z % x
**=	幂赋值运算符	z **= x 等效于 z = z ** x
//=	取整除赋值运算符	z //= x 等效于 z = z // x

例 3.7　数值运算操作符与赋值操作符的组合的例子。代码如下:

```
x=10
y=20
y+=x
print("y=",y)
x**=2
print("x=",x)
y%=21
print("y=",y)
```

程序运行后的结果如下:

```
y= 30
x= 100
y= 9
```

数值运算操作符与赋值操作符之间不能有空格。

3.2.2 数值运算函数

Python 提供了一些与数值运算相关的函数,如表 3.4 所示。

表 3.4   内置的数值运算函数

函数	描述	实例
abs(x)	返回 x 的绝对值	abs(-20),返回 20
divmod(x,y)	除法及取余,返回商和余数	divmod(10,3),返回(3,1)
pow(x,y[,z])	返回 x 的 y 次方;如果有参数 z,则先进行 x 的 y 次方,然后返回用 z 进行模运算之后的余数	pow(2,3),返回 8 pow(2,3,3),返回 2
round(x[,d])	返回对 x 进行四舍五入的结果,精度默认为 0	round(3.1415926),返回 3 round(3.1415926,3),返回 3.142
max(x1,x2,x3,…,xn)	返回参数列表中的最大值	max(5,4,6,1),返回 6
min(x1,x2,x3,…,xn)	返回参数列表中的最小值	min(5,4,6,1),返回 1
int(x)	把 x 转换成整数	int(3.14),返回 3
float(x)	把 x 转换成浮点数	float(3),返回 3.0
complex(x)	把 x 转换为实数部分,增加虚数部分,默认是 0j	complex(3.14),返回(3.14+0j)

例 3.8 数值运算函数的例子。代码如下:

```
d=divmod(10,3)
print("divmod(10,3)返回值为",d)
pow1=pow(2,3)
print("pow(2,3)返回值为",pow1)
pow2=pow(2,3,3)
print("pow(2,3,3)返回值为",pow2)
round1=round(0.1415926)
print("round(0.1415926)返回值为",round1)
round2=round(0.1415926,4)
print("round(0.1415926,4)返回值为",round2)
maxfloat=max(5.1,4.4,6.3,1.9)
print("max(5.1,4.4,6.3,1.9)返回值为",maxfloat)
minfloat=min(5.1,4.4,6.3,1.9)
print("min(5.1,4.4,6.3,1.9)返回值为",minfloat)
x=int(3.14)
print("int(3.14)返回值为",x)
```

```
y=float(3)
print("float(3)返回值为",y)
z=complex(3.14)
print("complex(3.14)返回值为",z)
```

程序运行后的结果如下：

```
divmod(10,3)返回值为 (3, 1)
pow(2,3)返回值为 8
pow(2,3,3)返回值为 2
round(0.1415926)返回值为 0
round(0.1415926,4)返回值为 0.1416
max(5.1,4.4,6.3,1.9)返回值为 6.3
min(5.1,4.4,6.3,1.9)返回值为 1.9
int(3.14)返回值为 3
float(3)返回值为 3.0
complex(3.14)返回值为 (3.14+0j)
```

3.3　字符串类型

字符串是 Python 中最常用的数据类型，在 Python 3 中，可以使用单引号、双引号、3 个单引号、3 个双引号来创建字符串。字符串创建后，不能进行元素增加、修改与删除等操作。

例 3.9　字符串的例子。代码如下：

```
str1='I am a cat!"'
print('单引号创建字符串: ',str1)
str2="I'm a cat!"
print('双引号创建字符串: ',str2)
str3="""我是中国人！
我爱我的祖国！
祖国繁荣昌盛！"""
print(str3)
print('''我是一名程序员！
我热爱我的工作! ''')
```

程序运行后的结果如下：

```
单引号创建字符串:  I am a cat!"
双引号创建字符串:  I'm a cat!
我是中国人！
我爱我的祖国！
祖国繁荣昌盛！
我是一名程序员！
我热爱我的工作！
```

（1）使用单引号时，双引号可以作为字符串的一部分。

（2）使用双引号时，单引号可以作为字符串的一部分。

（3）多行字符串用在比较大段的文本中，一般采用变量表示。

在 Python 中有一些特殊字符可用转义字符(\)进行转义，转义字符如表 3.5 所示。

表 3.5 转义字符

转义字符	描述
\(在行尾时)	续行符
\\	反斜杠符号
\'	单引号
\"	双引号
\a	响铃
\b	退格(Backspace)
\e	转义
\000	空
\n	换行
\v	纵向制表符
\t	横向制表符
\r	回车
\f	换页
\oyy	八进制数，yy 代表字符，例如，\o12
\xyy	十六进制数，yy 代表字符，例如，\x0a
\other	其他的字符以普通格式输出

例 3.10 转义字符的例子。代码如下：

```
str1="\"我是中国人！\""
print(str1)
str2="\\我是中国人！\\"
print(str2)
str3="\t我是中国人！"
print(str3)
```

程序运行后的结果如下：

```
"我是中国人！"
\我是中国人！\
	我是中国人！
```

3.3.1 字符串的索引

字符串是字符的有序集合，所以通过位置就可以获取具体的元素。在 Python 语言中，字符串中的字符是通过索引来获取的，字符串的索引的一般格式如下：

　　<字符串变量或字符串>[索引]

说明	（1）索引从 0 开始。
	（2）索引若为负数，则表示从末尾提取，−1 表示最后一个，−2 表示倒数第二个。
	（3）字符串是以 Unicode 编码存储的，所以英文字符和中文字符都记作一个字符。

例 3.11　字符串的索引的例子。代码如下：

```
str="字符串中的字符是通过索引来提取的"
print(str[2])
print(str[-2])
print("通过索引来提取的"[-2])
```

程序运行后的结果如下：

```
串
取
取
```

3.3.2　字符串的切片

Python中的字符串的切片操作可以从一个字符串中获取字符串的一部分。字符串的切片的一般格式如下：

　　<字符串变量或字符串>[start:end:step]

说明	（1）[start:] 从 start 位置提取到结尾。
	（2）[:end] 从开头提取到 end −1 位置。
	（3）[start:end] 从 start 位置提取到 end −1 位置。
	（4）[start:end:step] 从 start 位置提取到 end −1 位置，每 step 个字符提取一个。
	（5）[:] 提取从开头（默认位置 0）到结尾（默认位置−1）的整个字符串。

例 3.12　字符串的切片的例子。代码如下：

```
str="字符串中的字符是通过索引来提取的"
print(str[-3:])
print(str[::2])
print(str[::-1])
```

程序运行后的结果如下：

```
提取的
字串的符通索来取
的取提来引索过通是符字的中串符字
```

3.4 字符串格式化

字符串格式化用于解决字符串和变量同时输出时的格式安排问题。在字符串中结合变量时，需要使用字符串的格式化方式。Python 一般采用两种格式化方式：%格式符方式和 format 方式。

3.4.1 %格式符方式

字符串格式化的%格式符方式的一般格式如下：

%[(name)][flags][width].[precision]typecode

（1）(name)：变量命名。

（2）flags:旗帜位。其中，+表示右对齐，正数前加正号，负数前加负号；−表示左对齐，正数前无符号，负数前加负号；空格表示正数前加空格，负数前加负号；0表示正数前无符号，负数前加负号，与 width 结合使用表示用 0 填充空白处。

（3）width：占有宽度。

（4）precision：精度。

（5）typecode：类型符，如表 3.6 所示。

📝
说明

表 3.6　　　　　　　　　　　　　　　　　　类型符表

类型符	描述
s	字符串（实际上可以接收任何类型的变量）
d(i)	十进制数
o	八进制数
x	十六制数
f(F)	浮点数
e(E)	将整数、浮点数转换成科学记数法，并将其格式化到指定位置 e(E)
%	显示百分数（默认保留小数点后 6 位）

例 3.13　字符串的%格式符方式的例子。代码如下：

```
x=15
print("%04d"%x)
y=4.3
print("%.3f"%y)

n1 = "I am %s age %d"%("张三",26)
n2 = "I am %(name)s age %(age)d"%{"name":"李四","age":28}
n3 = "I am \033[45m%(name)s\033[0m"%{"name":"王五"}
print(n1)
print(n2)
print(n3)
```

程序运行后的结果如下：

```
0015
4.300
```

```
i am 张三 age 26
i am 李四 age 28
i am 王五
```

> **注意** \033[45m%s\033[0m 用于调整输出颜色。

3.4.2　format 方式

字符串格式化的 format 方式的一般格式如下：

:[fill][align][sign][#][0][width][,][.precision][type]

> **说明**
>
> （1）fill：空白处可以填充的字符。
> （2）align：对齐方式，其中 < 表示内容左对齐，> 表示内容右对齐，^ 表示内容居中。
> （3）sign：有无符号数字，其中 + 表示正数加正号，负数加负号；− 表示正数不变，负数加负号；"表示正数加空格，负数加负号。
> （4）#：对于二进制数、八进制数、十六进制数，如果加上 #，则分别显示 0b、0o、0x，否则不显示。
> （5），：为数字添加分隔符。
> （6）width：占有宽度。
> （7）precision：精度。
> （8）typecode：类型符，如表 3.6 所示。

例 3.14　字符串格式化的 format 方式的例子。代码如下：

```
a = "I am {0}, I am {1} years old".format('张三',26)
print(a) # (1)
b = "I am {name}, I am {age:d} years old".format(**{'name':'李四','age':28})
print(b) # (2)
c = "原数为{:d}  二进制为{:b}，八进制为{:o}，十六进制 x 为{:x}，十六进制 X 为{:X}".format(20, 20, 20, 20, 20)
print(c) # (3)
d = "--{name:*^10s}--  =={age:<10.2f}==".format(name='王五',age=29.345)
print(d) # (4)
f = " my name is {0[0]}, my hobby is playing {0[1]}".format(*[("刘六","games")])
print(f)
```

程序运行后的结果如下：

```
I am 张三, I am 26 years old
I am 李四, I am 28 years old
原数为 20  二进制为 10100，八进制为 24，十六进制 x 为 14，十六进制 X 为 14
--****王五****--  ==29.34     ==
 my name is 刘六, my hobby is playing games
```

（1）采用位置参数来索引。

（2）采用自定义 key 来索引，此时**表示将字典的键值对取出，也可以用*来将列表或者元组中的值按顺序取出来。

（3）进制转换。

（4）将 name 的宽度设置为 10，空余的使用*补全并居中显示，age 类型设置为浮点数类型，宽度设置为 10 并左对齐。

说明

3.5 字符串类型的运算

3.5.1 字符串操作符

Python 针对字符串提供了 5 个基本的操作符，如表 3.7 所示。

表 3.7　　　　　　　　　　　　　　字符串的 5 个基本操作符

操作符	描述
+	字符串连接
*	重复输出字符串
in	成员运算符，如果字符串中包含给定的字符则返回 True
not in	成员运算符，如果字符串中不包含给定的字符则返回 True
r/R	原始字符串，所有的字符串都直接按照字面的意思来使用，没有转义、特殊或不能输出的字符。原始字符串除了在字符串的第一个引号前加上字母 r（或 R）以外，与普通字符串有着几乎完全相同的语法

例 3.15　字符串操作符的例子。代码如下：

```
x = "Hello"
y = " World!"

print("x + y 输出结果: ", x + y)
print("x * 2 输出结果:", x * 2)

if ("e" in x):
    print("e 在变量 x 中")
else:
    print("e 个在变量 x 中")

if ("f" not in x):
    print("f 不在变量 x 中")
else:
    print("f 在变量 x 中")

print(r'\"I am a chinese!\"')
print(R'\" this is a cat.\"')
```

程序运行后的结果如下：

```
x + y 输出结果: Hello World!
x * 2 输出结果: HelloHello
```

```
e 在变量 x 中
f 不在变量 x 中
\"I am a chinese!\"
\" this is a cat.\"
```

3.5.2 字符串函数

Python 有一些处理字符串的内置函数，如表 3.8 所示。

表 3.8 字符串函数

函数	描述
len()	返回字符串的长度
hex()	返回整数对应十六进制数的小写形式字符串
oct()	返回整数对应八进制数的小写形式字符串
str()	返回任意类型对应的字符串
chr()	返回 Unicode 编码对应的单字符
ord()	返回单字符表示的 Unicode 编码

例 3.16 字符串函数的例子。代码如下：

```
x=len("我是中国人！")
print("\"我是中国人！\"字符串的长度为：",x)

str1=hex(36)
print("整数 36 对应十六进制数的字符串为：",str1)

str2=oct(36)
print("整数 36 对应八进制数的字符串为：",str2)
str3=str(3.1415)
print("浮点数 3.1415 对应的字符串为：",str3)

str4=chr(10000)
print("Unicode 编码 10000 对应的单字符为：",str4)
```

程序运行后的结果如下：

```
"我是中国人！"字符串的长度为： 6
整数 36 对应十六进制数的字符串为： 0x24
整数 36 对应八进制数的字符串为： 0o44
浮点数 3.1415 对应的字符串为： 3.1415
Unicode 编码 10000 对应的单字符为： ✐
```

（1）Python 使用 Unicode 编码表示字符。
（2）字符串是字符组成的序列。
（3）Python 使用 chr()和 ord()两个函数在单字符和 Unicode 编码之间进行转换。

3.5.3 字符串方法

Python 针对字符串提供了一些常用的字符串方法，如表 3.9 所示，其中 Str 是字符串类型的变量。

表 3.9   字符串方法

方法	描述
Str.split()	按照指定的字符将字符串分割成词，并返回列表；splitlines()方法则按照换行符将文本分割成行
Str.upper()	返回字符串的大写形式
Str.lower()	返回字符串的小写形式
Str.count()	计算指定字符串在整个字符串中出现的次数
Str.startswith()	判断是否以指定的字符串开始
Str.endswith()	判断是否以指定的字符串结束
Str.strip()	删除字符串首尾的空白，空白包括空格、制表符、换行符等
Str.rstrip()	删除字符串尾部的空白，空白包括空格、制表符、换行符等
Str.lstrip()	删除字符串头部的空白，空白包括空格、制表符、换行符等
Str.center()	输出指定数目的字符，不够的话两端用指定的字符补齐
Str.join()	在变量的每两个字符之间添加一个 Str 字符串
Str.replace(old,new)	返回字符串 Str 的副本，所有 old 字符串被替换为 new 字符串

例 3.17 字符串方法的例子。代码如下：

```
str="I am a Chinese!"
print("字符串 str: ",str)
print("字符串 str 的大写形式为: ",str.upper())
print("字符串 str 的小写形式为: ",str.lower())
print("字符串 str 的以空格为分割符调用 split()函数的返回结果为: ",str.split())
print("字符串 str 的以 a 为分割符调用 split()函数的返回结果为: ",str.split('a'))
print("判断字符串 str 是否以'I am'作为开始: ",str.startswith('I am'))
print("判断字符串'a'在字符串 str 中出现的次数: ",str.count('a'))
print("将 str 字符串插入字符串'ABC'的元素之间，形成的新字符串为: ",str.join('ABC'))
print("将 str 字符串中所有字符串'a'替换成字符串'A'，形成的新字符串为: ",str.replace('a','A'))
```

程序运行后的结果如下：

```
字符串 str:  I am a Chinese!
字符串 str 的大写形式为: I AM A CHINESE!
字符串 str 的小写形式为: i am a chinese!
字符串 str 的以空格为分割符调用 split()函数的返回结果为: ['I', 'am', 'a', 'Chinese!']
字符串 str 的以 a 为分割符调用 split()函数的返回结果为: ['I ', 'm ', ' Chinese!']
判断字符串 str 是否以'I am'作为开始:  True
判断字符串'a'在字符串 str 中出现的次数:  2
将 str 字符串插入字符串'ABC'的元素之间，形成的新字符串为: AI am a Chinese!BI am a Chinese!C
将 str 字符串中所有字符串'a'替换成字符串'A'，形成的新字符串为: I Am A Chinese!
```

（1）split()方法返回结果是列表类型。

（2）replace(old,new)方法中，old 和 new 字符串的长度可以不同。

（3）join()方法可以在一组数据中增加分割字符。

3.6 类型判断和类型之间的转换

Python 提供了两种函数用于判断一个变量的数据类型，如表 3.10 所示。

表 3.10   类型判断方法

方法	描述
isinstance(x,y)	判断变量 x 是否为 y 类型
type(x)	对变量 x 进行类型判断

例 3.18 类型判断方法的例子。代码如下：

```
x=123
print("变量 x 是否为 int 类型: ",isinstance(x,int))
print("变量 x 的类型为: ",type(x))

y=3.1415
print("变量 y 是否为 float 类型: ",isinstance(y,float))
print("变量 y 的类型为: ",type(y))
```

程序运行后的结果如下：

```
变量 x 是否为 int 类型:  True
变量 x 的类型为:  <class 'int'>
变量 y 是否为 float 类型:  True
变量 y 的类型为:  <class 'float'>
```

（1）对于基本的数据类型，两个函数的效果是一样。

（2）两个函数的区别：type()方法不会认为子类是一种父类类型，isinstance()方法会认为子类是一种父类类型。

（3）如果要判断两个类型是否相同，推荐使用 isinstance()方法。

Python 提供了一些内置函数用于类型之间的转换，如表 3.11 所示。

表 3.11   用于类型之间转换的内置函数

函数	描述
int(x [,base])	将 x 转换为整数
float(x)	将 x 转换为浮点数
complex(real [,imag])	创建复数

函数	描述
str(x)	将对象 x 转换为字符串
list(s)	将序列 s 转换为列表
chr(x)	将整数转换为字符
ord(x)	将字符转换为它的整数值
hex(x)	将整数转换为十六进制的字符串
oct(x)	将整数转换为八进制的字符串
eval(str)	用来计算字符串中的有效 Python 表达式，并返回对象
tuple(s)	将序列 s 转换为元组
repr(x)	将对象 x 转换为表达式字符串

例 3.19 类型之间的转换的例子。代码如下：

```
str1 = "www.baidu.com"
print("str1 字符串为: ",str1)
tuple1 = tuple(str1)
print("将字符串 str1 转换成元组，结果为: ",tuple1)

x=123
print("将整数 123 转换成复数，结果为: ",complex(x))
print("将整数 123 转换成一个字符，结果为: ",chr(x))
print("将整数 123 转换为一个十六进制的字符串，结果为: ",hex(x))
```

程序运行后的结果如下：

```
str1 字符串为: www.baidu.com
将字符串 str1 转换成元组，结果为: ('w', 'w', 'w', '.', 'b', 'a', 'i', 'd', 'u', '.', 'c', 'o', 'm')
将整数 123 转换成复数，结果为: (123+0j)
将整数 123 转换成一个字符，结果为: {
将整数 123 转换为一个十六进制的字符串，结果为: 0x7b
```

3.7 实例解析

1. 案例说明

编写一个程序：输入一个字符串 S，判断 S 是否是回文数；如果是回文数，判断该字符串是否以 12 作为开头；如果是，则取出该字符串中的一半字符并输出。

2. 编程思路

（1）如何判断回文数？

回文数是指一个数正着写和反着写的结果是一样的。

例如，12345654321 是回文数，123456123456 不是回文数。

（2）比较第一个和倒数第一个字符、第二个和倒数第二个字符、……是否相等。

利用 len()函数获取字符串 S 的长度。利用//运算符获取字符串 S 的折半长度。

一边正着取元素，一边倒着取元素，并比较两者是否相等。如果某一次不相等，则可以判断出不是回文数。利用 for 循环语句，从 0 到 len(str)//2，遍历字符串的第 i 个字符和第 len(x)-1-i 个字符是否相等，如果不相等就不是回文数。

算法如下：

```
for i in range(len(S)//2):
        if S[i] != x[len(S)-1-i]:
                isPalindrome = False
                break
```

（3）利用字符串的 startswith()函数判断字符串 S 是否以 12 作为开头。

（4）利用字符串的切片原理，取字符串 S 的一半字符。

3. 程序代码

```
S=input("请输入字符串 S:")
if len(S) <= 1:
        print(S,"不是回文数")
else:
    isPalindrome=True
    for i in range(len(S)//2):
        if S[i] != S[len(S)-1-i]:
            isPalindrome = False
            break
    if isPalindrome == False:
        print(S, "不是回文数")
    else:
        print(S, "是回文数")
        if(S.startswith('12',0,len(S))):
            print(S,'字符串中一半的字符为：',S[0:len(S)//2])
```

4. 输出结果

程序运行后的测试结果如下：

```
请输入字符串 S:12345654321
12345654321 是回文数
12345654321 字符串中一半的字符为：12345
请输入字符串 S:ASDFGFDSA
ASDFGFDSA 是回文数
请输入字符串 S:1234565432
1234565432 不是回文数
```

3.8 本章小结

本章首先介绍了 Python 中的数字类型及相关操作，包括数值运算操作符和数值运算函数；接着讲解了字符串类型及相关操作，包括字符串格式化、字符串操作符、字符串处理函数及相关函数，还介绍了类型判断和类型之间的转换的基本函数；最后通过实例解析的例子理解并实践 Python 基本数据类型的知识点。

3.9 习题

1. 选择题

（1）以下代码的输出结果是_____。

```
a=12
print(type(a))
```

A. <class 'float'>   B. <class 'int'>

C. <class 'complex'>   D. <class 'bool'>

（2）在 Python 中，关于复数类型，以下选项中描述错误的是_____。

　　A. 复数的虚数部分通过后缀 J 或者 j 来表示

　　B. 复数类型用于表示数学中的复数

　　C. 对于复数 x，可以用 x.real 获得它的虚数部分

　　D. 对于复数 x，可以用 x.imag 获得它的虚数部分

（3）在 Python 中，关于数字类型，以下选项中描述正确的是_____。

　　A. 浮点数有十六进制、十进制、八进制和二进制等表示方式

　　B. 2.0 是整数，不是浮点数

　　C. 整数类型的数值可以出现小数点

　　D. 复数类型的实部的数值为 1，虚部的数值为 0 时，表示为 1+0j

（4）在 Python 中，关于浮点数类型，以下选项中描述错误的是_____。

　　A. 浮点数类型可以不带小数部分

　　B. 浮点数类型有两种表示方法，即十进制形式带有小数点和科学记数法

　　C. 浮点数类型与数学中实数的概念一致，表示带小数的数值

　　D. Python 中浮点数的数值范围有限制，小数精度也有限制

（5）以下程序运行后的输出结果是_____。

```
z=10.12+7j
print(z.real)
```

A.10   B. 10.12   C. 7   D. 7.0

（6）以下程序运行后的输出结果是_____。

```
x=0b1110
print(x)
```

A. 1110   B. 111   C. 14   D. 4368

（7）以下程序运行后的输出结果是_____。

```
x="hello "
print(x*3)
```

A. hello*3
B. hello hello hello
C. hello
D. hello

    hello

    hello

（8）以下程序运行后的输出结果是_____。

```
x=12.3456
print(round(x),round(x,3))
```

A. 12   12.3456
B. 12   12.345
C. 12   12.346
D. 12   12

（9）以下程序运行后的输出结果是_____。

```
x=255
print(hex(x))
```

A. 255
B. 0bff
C. 0xff
D. 0off

（10）以下程序运行后的输出结果是_____。

```
str1="i am a cat!"
str2=str1.replace('a','A')
print("str1=",str1)
print("str2=",str2)
```

A. str1= i am a cat!

    str2= i am a cat!

B. str1= i am a cat!

    str2= i Am A cAt!

C. str1= i Am A cAt!

    str2= i Am A cAt!

D. str1= i Am A cAt!

    str2= i am a cat!

2. 填空题

（1）查看变量类型的 Python 内置函数是_____。

（2）查看变量内存地址的 Python 内置函数是_____。

（3）以 4 为实部、5 为虚部，Python 复数的表达形式为_____或_____。

（4）Python 运算符中用来计算整商的是_____。

（5）Python 3.x 中，语句 print(4,5,6,sep=';') 的输出结果为_____。

（6）表达式 int(4**0.5) 的值为_____。

（7）Python 内置函数_____用来返回序列中的最大元素。

（8）已知 x = 3，那么执行语句 x += 6 之后，x 的值为_____。

（9）表达式 'Hello world'.upper() 的值为_____。

（10）表达式 r'c:\windows\notepad.exe'.endswith('.exe') 的值为_____。

（11）表达式 'Hello world!'[-4] 的值为_____。

（12）表达式 'Hello world!'[-4:] 的值为_____。

（13）已知 x = 'hello world'，那么表达式 x.replace('l', 'g')的值为_____。

3. 编程题

（1）输入 3 个数，作为三角形的边长，输出由这 3 条边长构成的三角形的面积（保留 3 位小数）。

（2）输入一个字符串，以 20 字符宽度居中输出其中前 10 个字符，如果不足 10 个字符，则输出全部字符。

（3）输入一个字符串，将这个字符串中所有的字符转换成大写并输出。

（4）输入 4 个整数（a,b,c,d），计算出 a+b-c*d 的结果并输出。

（5）输出 1~100 内不能被 7 整除的数，每行输出 10 个数字，要求应用字符。

串格式化方法（任何一种均可）美化输出格式。

（6）编写程序，从键盘获取信息，然后按照下面的格式输出。

```
================================
姓名：dongGe
QQ:xxxxxxx
手机号:131xxxxxx
公司地址:北京市xxxx
================================
```

（7）已知如下变量 a = "字符串拼接 1"，b ="字符串拼接 2"。请将 a 与 b 拼接成字符串 c，并用逗号分隔；然后计算出新拼接出来的字符串 c 的长度，并取出其中的第七个字符。

04 第4章 程序控制结构

```
                                                                    4.3.1 for循环
              4.1.1 程序流程图                                        4.3.2 while循环
                            4.1 程序的顺序结构      4.3 程序的循环结构   4.3.3 嵌套循环
              4.1.2 顺序结构                                          4.3.4 循环控制:
                              第4章 程序控制结构                       break和continue语句
       4.2.1单分支结构:if
      4.2.2 双分支结构:if-else    4.2 程序的分支结构          4.4 实例解析
      4.2.3 多分支结构:if-elif-else
```

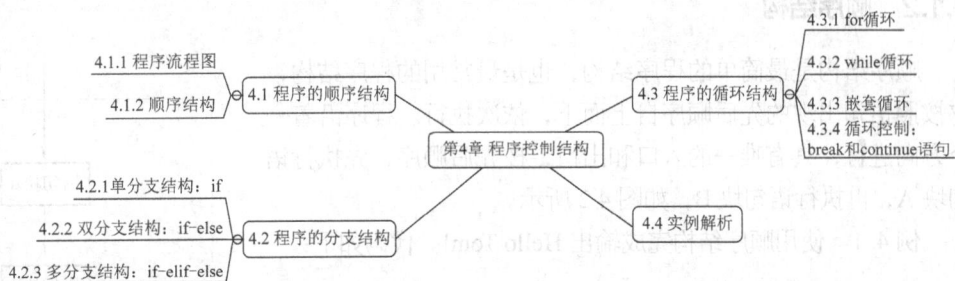

本章重点是掌握程序的顺序结构、程序的分支结构,以及程序的循环结构(嵌套循环和循环控制)。

难点是多分支结构、嵌套循环以及循环控制。

4.1 程序的顺序结构

4.1.1 程序流程图

程序流程图是对所要解决问题的方法、思路或算法的一种描述。程序流程图利用一系列图形、流向线和文字说明描述程序的基本操作和控制流程,它是程序分析和过程描述的最基本方式,可以帮助程序员理清程序思路。因此它的质量直接关系到程序设计的质量。

流程图的基本元素有:起止框、处理框、判定框、输入/输出框、流向线和连接点,如图4.1所示。

流程图的优点如下:

(1)采用简单规范的符号,画法简单;

(2)结构清晰,逻辑性强;

(3)便于描述,容易理解。

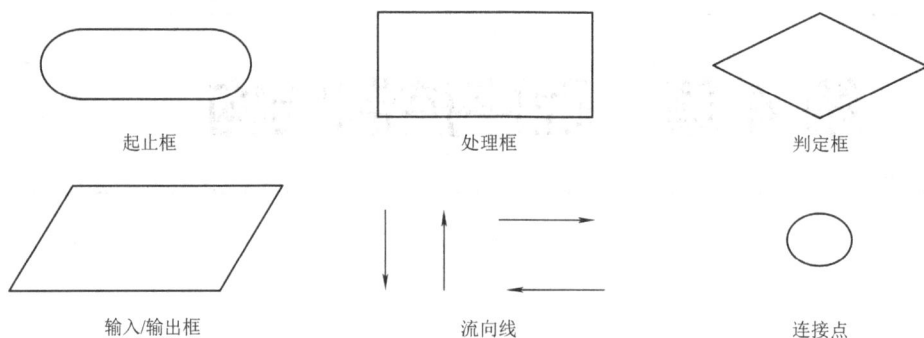

起止框　　　　　　　　　　处理框　　　　　　　　　　判定框

输入/输出框　　　　　　　流向线　　　　　　　　　连接点

图 4.1　流程图的基本元素

4.1.2　顺序结构

顺序结构是最简单的程序结构，也是最常用的程序结构，它按照语句出现的先后顺序自上而下，依次执行。程序沿着一个方向进行，具有唯一的入口和出口，按先后顺序，先执行语句块 A，再执行语句块 B，如图 4.2 所示。

例 4.1　使用顺序结构完成输出 Hello Tom!。代码如下：

```
n1 = "Hello "
n2 = "Tom!"
print(n1,n2)
```

程序运行后的结果如下：

```
Hello Tom!
```

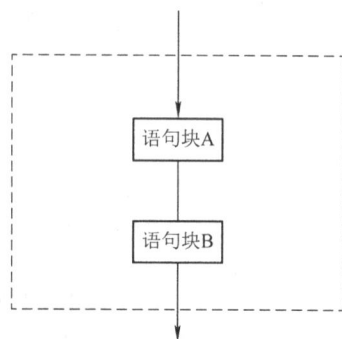

图 4.2　顺序结构的流程图

4.2　程序的分支结构

顺序结构的程序虽然能解决计算、输出等问题，但不能通过判断是否满足某些特定条件来决定下一步执行流程。对于要先做判断再选择操作的问题，就要使用分支结构。分支结构程序设计方法的关键在于构造合适的分支条件和分析程序流程。分支结构能够根据不同的条件，决定执行不同的分支。按照分支数的不同，分支结构主要有 3 种形式：单分支结构、双分支结构和多分支结构。

4.2.1　单分支结构：if

单分支结构语句的格式为：

if 条件表达式：

　　语句块

其功能是先计算条件表达式的值，当条件表达式成立时，则执行后面的语句块，执行的语句块可以是多行，以缩进格式来表示同一范围；当条件表达式不成立时，则跳出分支结构，执行分支结构后面的代码，如图 4.3 所示。

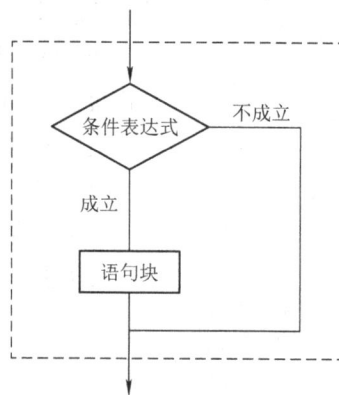

图 4.3　单分支结构的流程图

例 4.2　判断年龄，并根据判断结果输出是否为成年人。代码如下：

```
age = 20
if age >= 18:
    print('your age is: ', age)
    print('adult')
```

程序运行后的结果如下：

```
your age is:  20
adult
```

> **注意**　在 Python 程序设计过程中，代码行首用空白（空格和制表符）的缩进层次来决定语句的分组，这意味着同一层次的语句必须有相同的缩进，相同缩进的一组语句称为一个语句块。

4.2.2　双分支结构：if-else

双分支结构语句的格式为：

if 条件表达式：

　　语句块 A

else：

　　语句块 B

其功能是先计算条件表达式的值，当表达式的值为 True 时，则执行语句块 A；当表达式的值为 False 时，则执行语句块 B，如图 4.4 所示。

例 4.3　依据年龄判断是成年人还是青少年并输出结果。代码如下：

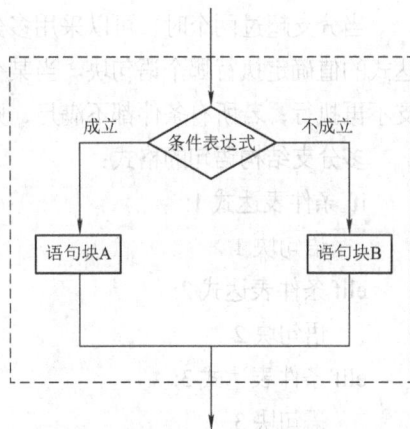

图 4.4　双分支结构的流程图

```
age = 20
if age >= 18:
    print('your age is ', age)
    print('adult')
else:
    print('your age is ', age)
    print('teenager')
```

程序运行后的结果如下：

```
your age is 20
adult
```

例 4.4　输入一个年份，判断是否为闰年。闰年的条件是年份不能被 100 整除且能被 4 整除，或者能被 400 整除。代码如下：

```
a=input('请输入一个年份：')
b=int(a)
if (b % 100 != 0 and b % 4 ==0) or (b % 400 ==0) :
    print('%d这个年份是闰年! ' % b)
else:
    print('%d这个年份不是闰年! ' % b)
```

程序运行后的结果如下：

```
请输入一个年份：2019
2019这个年份不是闰年!
请输入一个年份：2020
2020这个年份是闰年!
```

4.2.3　多分支结构：if-elif-else

当分支超过两个时，可以采用多分支结构：if-elif-else 语句。该语句的作用是根据不同的条件表达式的值确定执行哪个语句块。当某个条件表达式值为 True 时，就执行该条件下的语句块，其余分支不再执行；若所有条件都不满足，则执行 else 后的语句块，否则什么也不执行。

多分支结构语句的格式：

if 条件表达式 1:
　　语句块 1
elif 条件表达式 2:
　　语句块 2
elif 条件表达式 3:
　　语句块 3
　　　　…
else:
　　语句块 n

上述语句的功能是先计算条件表达式 1，当表达式 1 的值为 True 时，执行语句块 1；否则计算条件表达式 2，当表达式 2 的值为 True 时，执行语句块 2，以此类推；如果所有条件表达式的值都为 False，则执行语句块 n，如图 4.5 所示。

例 4.5　输入一个百分制成绩，要求输出成绩等级。90 分及以上为 A，80~89 分为 B，70~79 分为 C，60~69 分为 D，60 分以下为 E，代码如下：

```
score=int(input('请输入成绩:'))        #接收用户输入的值，并转换成整数
if score >= 90 :
    print('A')
elif score >=80 :
    print('B')
elif score >=70 :
    print('C')
elif score >=60 :
```

```
        print('D')
else:
        print('E')
```

程序运行后的结果如下：

```
请输入成绩: 87
B
```

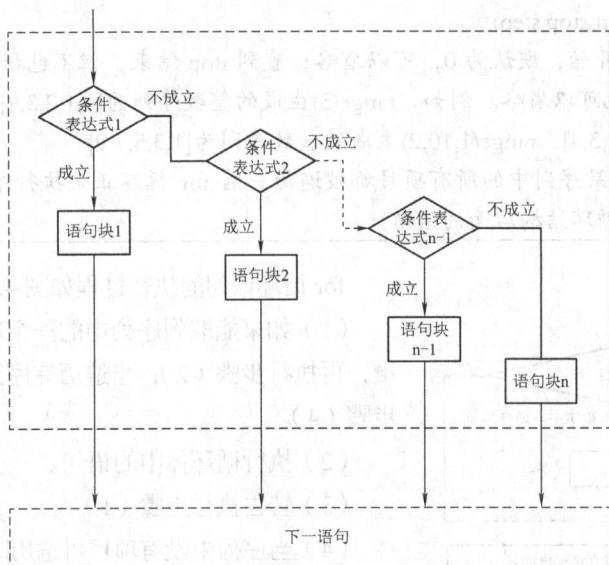

图 4.5　多分支结构的流程图

例 4.5 中将先测试第一个条件表达式 score>=90，如果该表达式的值为 True，那么成绩为 A。如果第一个表达式的值为 False，那么就测试第二个条件表达式 score>=80；如果第二个条件表达式的值为 True，那么成绩为 B。如果第二个表达式的值为 False，那么就测试第三个条件表达式，如此逐个测试，直至正确评级或遍历测试完所有的条件表达式。如果所有的条件表达式的值都是 False，那么成绩等级就是 E。

> 说明
> if 语句执行有个特点，它是从上往下判断，如果某个判断的条件表达式的值为 True，就执行该判断条件对应的语句，而不会执行剩余的 elif 和 else 语句。

4.3　程序的循环结构

4.3.1　for 循环

for…in 语句是最常用且结构清晰的一种循环，通过遍历序列中的每一个项目来执行循环，循环的次数取决于序列中项目的个数。与其他编程语言的格式不同，for 循环语句的一般格式如下：

```
for 变量 in 序列:
    循环体
else:
    执行语句块
```

说明

（1）for 循环为迭代循环，任何有序的序列对象内的元素都可以遍历，如字符串、列表、元组等可迭代对象。

（2）如果需要遍历数字序列，可以使用内置的 range() 函数。range() 函数语法如下：

range(start,stop,step)

从 start 开始，默认为 0，可以省略；直到 stop 结束，但不包括 stop；step 表示步长，默认为 1，也可以省略。例如，range(5) 生成的整数序列为 [0,1,2,3,4]，range(1,5) 生成的整数序列为 [1,2,3,4]，range(1,10,2) 生成的整数序列为 [1,3,5,7,9]。

（3）如果序列中的所有项目都被遍历，则 for 循环正常执行结束，直接退出循环，紧接着执行循环结构后面的语句。

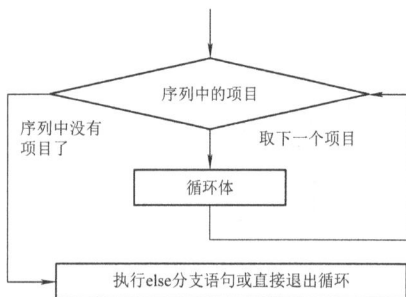

图 4.6　for 循环语句的流程图

for 循环语句的执行过程如图 4.6 所示。

（1）如果能取到序列中的一个项目，则赋值给循环变量，再执行步骤（2）；当遍历完序列中的项目时，则执行步骤（4）。

（2）执行循环体中的语句。

（3）转去执行步骤（1）。

（4）当序列中没有项目可遍历时，如果有 else 分支则先执行分支中的语句块，再退出循环；如果没有 else 分支，则直接退出循环。

例 4.6　遍历字符串中的字符并输出。代码如下：

```
str ='hello'
for c in str:
  print(c)
```

程序运行后的结果如下：

```
h
e
l
l
o
```

执行上面的程序时，for 循环语句对字符串 str 中的字符进行遍历，依次取出每一个字符并赋值给变量 c，再通过 print() 函数输出。

例 4.7　遍历 1~100 的每个数字，并输出求和结果。代码如下：

```
sum = 0
for i in range(1,101):
```

```
    sum = sum + i
print(sum)
```

程序运行后的结果如下：

```
5050
```

在上面的程序中，sum 为累加器，初值为 0，用来保存最后的总和。rang（1,101）用来生成大于等于 1 并且小于 101 的整数序列，通过对序列进行循环遍历，取出每个整数并赋值给变量 i，再把 i 累加到 sum 中，最后得到 1~100 的总和。在循环结束之后，通过 print()函数输出结果。

4.3.2　while 循环

while 循环是另一种通过条件表达式来控制执行顺序的循环，当满足条件时重复执行循环体中的语句，直到不满足条件时才退出循环。while 语句比 for 语句更加灵活，通常用于循环次数不定的场合，其一般格式如下：

while　条件表达式：

　　循环体

else：

　　执行语句块

说明

（1）当条件表达式的值为 True 时，执行循环体语句。

（2）在一些特殊场合需要使用无限循环，那么可以设置条件表达式的值为 True，程序运行后循环将会无限地执行下去，可以按 Ctrl+C 组合键来强制中断程序的执行。

（3）else 分支是可选的，如果 while 循环正常结束，那么就会执行该分支的语句块或直接退出循环。

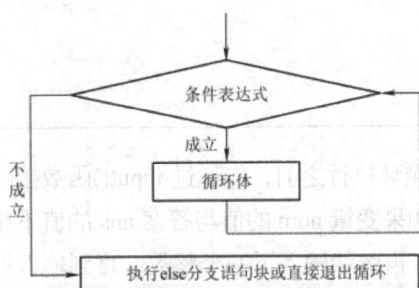

图 4.7　while 循环语句的流程图

while 循环语句的执行过程如图 4.7 所示。

（1）计算 while 后面的条件表达式的值。当值为 True 时，执行步骤（2）；当值为 False 时，执行步骤（4）。

（2）执行循环体中的语句。

（3）转去执行步骤（1）。

（4）当条件表达式的值为 False 时，如果有 else 分支则先执行分支中的语句块，再退出循环；如果没有 else 分支，则直接退出循环。

例 4.8　求 1~10 的累积，即 10 的阶乘，并输出累乘结果。代码如下：

```
c = 1
i = 1
while i<=10:
    c = c * i
    i = i + 1
print(c)
```

程序运行后的结果如下：

```
3628800
```

本例是求 1~10 的累乘，与求累加的方法类似，先定义累乘器 c，初值为 1（注意不是 0），再定义计数器 i，初值为 1。设置条件表达式为 i<=10，限制计数器的最大值为 10。由于 while 循环中没有步长，所以在循环体内要对计数器 i 进行加 1 操作，每次循环都会将 i 值累乘到 c 中，最后通过 print() 函数输出结果。本例采用 while 语句实现了与 for 语句类似的固定次数的循环控制。

例 4.9 实现 1~10 的猜字游戏。

思路：在猜字的过程中，要重复判断用户输入的数字是否正确，由于重复的次数不固定，因此不需要使用计数器，直接采用"输入的数字是否和答案相等"作为循环的条件。

代码如下：

```
ans=3
prompt='请输入一个 10 以内的整数：'
num=int(input(prompt))
while num != ans:
    if num > ans:
        print ('太大了！')
        num = int(input(prompt))
    else:
        print ('太小了！')
        num = int(input(prompt))
print ('恭喜您，猜对了！')
```

程序运行后的结果如下：

```
请输入一个 10 以内的整数：5
太大了！
请输入一个 10 以内的整数：3
恭喜您，猜对了！
```

先设定一个 10 以内的整数作为答案，存入变量 ans 中。循环执行之前，先通过 input() 函数接收输入的内容，再用 int() 函数将其转为整数存入变量 num 中。如果变量 num 的值与答案 ans 的值不相等，则执行循环体语句，判断输入的值是大于还是小于答案，再继续输入下一个整数，直到输入的整数等于给定的答案，此时不满足循环条件，退出循环，最后输出"恭喜您，猜对了！"。

4.3.3 嵌套循环

一个循环体内包含另一个完整的循环结构，称为循环的嵌套。for 循环和 while 循环可以相互嵌套，while 循环中可以嵌入 for 循环，for 循环中也可以嵌入 while 循环。循环的嵌套可以多层，但是必须保证每一层循环在逻辑上的完整性。执行外层循环的每次迭代时，内层循环都要先完成它的所有迭代。对于较为复杂的问题，单层循环往往解决不了，通常需要采用嵌套的循环来设计算法，因此掌握循环的嵌套方法非常重要。

例 4.10 输出如下由星号组成的倒三角图形。

```
*********
 *******
  *****
   ***
    *
```

思路：要实现倒三角形图形的输出至少需要用到两层的循环嵌套，外层循环控制行数，内层循环控制当前循环到的行要输出的空格和星号的个数。

代码如下：

```
for i in range(1,6):
    for n in range(1,i):
        print('',end='')
    for m in range(1,12-i*2):
        print('*',end='')
    print('')
```

在循环结构中，终止条件的设置非常关键，外层用 rang(1,6) 直接设定为 5 次循环，当 i 等于 5 时为最后一次循环；里层的空格每行分别循环输出 0、1、2、3、4 次，正好等于 i-1 次，因此用 rang(1,i) 来生成循环序列；里层的星号每行分别循环输出 9、7、5、3、1 次，可以采用等差数列 9+(i-1)*(-2) 来计算，公差为-2，而在 rang() 函数中的 stop 参数需要加 1，合并计算后的终止参数为 12-i*2。print() 函数默认会输出换行符，可以加入 end='' 参数去掉换行效果。但是在外层循环的最后，需要加入 print('') 输出一个换行符。

例 4.11 输出九九乘法表。

思路：九九乘法表一共有 9 行，每一行的列数从 1~9 递增，因此需要用两重循环来控制行和列的循环。

代码如下：

```
row=1
while row <= 9:
    col = 1
    while col <= row:
        print('%d*%d=%d\t'%(col,row,row*col),end='')
        col += 1
    print('')
    row += 1
```

程序运行后的结果如下：

```
1*1=1
1*2=2   2*2=4
1*3=3   2*3=6   3*3=9
1*4=4   2*4=8   3*4=12  4*4=16
1*5=5   2*5=10  3*5=15  4*5=20  5*5=25
1*6=6   2*6=12  3*6=18  4*6=24  5*6=30  6*6=36
1*7=7   2*7=14  3*7=21  4*7=28  5*7=35  6*7=42  7*7=49
```

```
1*8=8    2*8=16   3*8=24   4*8=32   5*8=40   6*8=48   7*8=56   8*8=64
1*9=9    2*9=18   3*9=27   4*9=36   5*9=45   6*9=54   7*9=63   8*9=72   9*9=81
```

外层循环的范围是 1~9，采用 while 循环的条件表达式为 row<=9，row 为计数器，初值为 1，每次循环时对 row 加 1；里层的循环次数为 1~row，次数随 row 值递增，col 为计数器，每次循环之前重新把初值赋值为 1，循环时对 col 加 1。每一行要输出的等式中乘号右边的数不变，也就是 row 的值不变，而左边的数则为所在的列值，正好是 col 的值；乘积可以直接用表达式 row*col 计算出来，%d 为十进制数的格式化输出，\t 为用来对齐等式的制表符，end=""用来去掉默认的换行效果。注意要在内层循环结束后加入 print("")来输出一个换行符，表示本行的等式输出结束。

4.3.4　循环控制：break 和 continue 语句

循环控制有 break 和 continue 语句。break 语句用来终止循环，即使循环条件表达式的值为真或者序列还没被遍历完，也会立即停止执行循环体。continue 语句用来跳过当前循环剩下的语句，转而继续进行下一轮的循环。break 语句和 continue 语句都可以用在 while 循环和 for 循环中，这两个语句通常都必须配合 if 语句来使用。

break 语句的语法格式如下：

break

continue 语句的语法格式如下：

continue

说明

（1）如果使用嵌套循环，break 语句将退出所在的最深的一层循环，然后执行这层循环后面的代码。

（2）如果在 for 或 while 循环中使用了 break 语句，则循环结构中对应的 else 语句块都不会被执行。

（3）尽量避免过度使用 break 和 continue 语句，因为 break 和 continue 语句会造成代码执行逻辑分叉过多，使程序变得更难阅读和调试。

例 4.12　模拟用户登录。代码如下：

```python
while True:
    username = input('请输入用户名: ')
    if username != 'admin':
        print('用户名错误! ')
        continue
    password = input('请输入密码: ')
    if password == '123456':
        break
    else:
        print('密码错误! ')
print('登录成功! ')
```

程序运行后的结果如下：

```
请输入用户名: a
用户名错误!
```

请输入用户名: admin
请输入密码: 1
密码错误!
请输入用户名: admin
请输入密码: 123456
登录成功!

例 4.12 通过无限循环来校验输入的用户名和密码是否正确。当输入的用户名与预设的值不匹配时，则使用 continue 语句直接进入下一次循环，让用户继续输入用户名；当用户名输入正确时，进一步判断输入的密码与预设的值是否匹配，如果一致便执行 break 语句退出循环，提示"登录成功!"。

例 4.13　输出 20 以内的所有素数。

思路：素数是指在大于 1 的自然数中，除了 1 和它本身以外不再有其他因数的自然数。本例需要通过嵌套循环来实现，其中外层循环对 2~20 的所有整数进行遍历，内层循环用来检测是否有大于 1 且小于本身的因数。

代码如下：

```
for i in range(2,21):
    for j in range(2,i):
        if(i%j==0):
            break
    else:
        print('%d '%i,end='')
```

程序运行后的结果如下：

```
2 3 5 7 11 13 17 19
```

在例 4.13 中，外层的 for 循环的范围为 2~20；内层的 for 循环，根据 i 值的变化，范围为 2~i-1。i 为当前要检测的数，当 i 能被内层循环变量 j 整除时，说明 i 不是素数，执行 break 语句，退出内层循环。只有当内层循环正常结束时，才执行 else 语句部分（注意 else 语句对应的是 for 语句，而不是 if 语句），说明此时 i 的值是素数，然后通过 print()函数输出结果。

4.4　实例解析

1. 案例说明

编写一个程序：输入一个自然数 n，如果 n 为奇数，输出表达式 1+1/3+…+1/n 的值；如果 n 为偶数，输出表达式 1/2+1/4+…+1/n 的值，输出表达式的结果保留 2 位小数。

2. 编程思路

（1）如何判断奇偶数？可以通过取余符号%判断，例如代码 n%2，如果余数为 0 则表示 n 能被 2 整除，n 为偶数，否则为奇数。

（2）如何获取一定区间内的奇数或偶数？

①利用 range()函数。函数原型为 range(start,stop,step)。其中 start 表示计数从 start 开始；stop 表示计数到 stop-1 结束；step 表示每次跳跃的间距。

②奇数：参数 start 如果从 1 开始，则参数 step 为 2。

偶数：参数 start 如果从 2 开始，则参数 step 为 2。

③利用 for 循环。

④定义 sum 为浮点类型。

算法如下。

奇数：

```
for i in range(1,n+1,2):
            sum+=1/i
```

偶数：

```
for i in range(2,n+1,2):
            sum+=1/i
```

（3）利用 print()函数输出表达式的结果，保留 2 位小数。函数原型如下：

print(<输出字符串模板>.format(<变量 1>,<变量 2>,…,<变量 n>))

3. 程序代码

```
sum=0.0
n=int(input('请输入：'))
if n%2==0:
    for i in range(2,n+1,2):
        sum+=1/i
else:
    for i in range(1,n+1,2):
        sum+=1/i
print('结果：{:.2f}'.format(sum))
```

4. 输出结果

程序运行后的结果如下：

```
请输入：7
结果：1.68
请输入：8
结果：1.04
```

4.5　本章小结

程序控制结构由 3 种基本结构组成：顺序结构、分支结构和循环结构。

顺序结构是程序按照指令顺序向下执行的方式，分支结构是程序根据条件判断的结果而选择不同执行路径的方式，循环结构是程序中需要反复执行某个功能而设置的一种程序结构。程序员可以结合 break 和 continue 语句改变循环结构的执行流程，break 语句和 continue 语句对循环控制的影响是不同的：break 语句会结束整个循环过程，不再判断执行循环的条件是否成立；而 continue 语句只会结束本次循环，并不终止整个循环的执行。

4.6 习题

1. 选择题

（1）以下描述错误的是_____。

A. Python 中可以用 if-else 语句形成双分支结构

B. Python 中可以用 if-elseif-else 语句形成多分支结构

C. else 语句不能独立存在

D. if 语句中语句块执行与否取决于条件判断的结果

（2）以下程序运行后的输出结果是_____。

```
for a in "this is  a cat":
    if a=='i':
        continue
    print(a,end='')
```

A. this is a cat   B. i i

C. ths s   a cat   D. thssacat

（3）下面选项中，_____不是 Python 的基本控制结构。

A. 分支结构   B. 顺序结构   C. 程序异常   D.循环结构

（4）关于循环结构，以下描述错误的是_____。

A. break 语句用来跳出本层循环，跳出该循环后程序从循环代码后面继续执行

B. continue 语句只结束本次循环

C. 可以用 for、while 等保留字构建循环结构

D. 遍历循环通过 for 语句实现

（5）以下程序运行后的输出结果是_____。

```
sum=1.0
for i in range(1,5):
    sum+=i
print(sum)
```

A. 16   B. 11   C. 16.0   D. 11.0

（6）给出如下代码：

```
b=-3
while b<0:
    b+=1
    print(b,end=",")
```

以下描述错误的是_____。

    A. b+=1 等价于 b=b+1

    B. 这段代码的输出结果为-2,-1,0,

    C. 条件 b<0 如果修改为 b>0，则程序执行进入死循环

    D. 使用 for 保留字可以实现该功能

（7）判断当前语句是否在分支结构中时，根据的是_____。

    A. 冒号   B. 缩进   C. 引号   D. 大括号

（8）以下程序运行后的输出结果是_____。

```
for a in range(1,6):
    if a%4==0:
        break
    else:
        print(a,end=",")
```

    A. 1,2,   B. 1,2,3,   C. 1,2,3,4,   D. 1,2,3,4,5,

（9）实现多分支的最佳控制结构是_____。

    A. try   B. if-else   C. if   D. if-elif-else

（10）以下程序运行后的输出结果是_____。

```
for i in range(2,6,2):
    s=1
    for j in range(i,6):
        s+=j
print(s,end="")
```

    A. 9   B.1   C.11   D.10

2. 填空题

（1）循环结构有两种，分别是_____和_____。

（2）Python 支持的跳转语句有_____和_____。

（3）在循环语句中，_____语句的作用是提前结束本层循环。

（4）在循环语句中，_____语句的作用是提前进入下一次循环。

（5）Python 关键字 elif 表示_____和_____两个单词的缩写。

3. 编程题

（1）输入一个数，判断该数是偶数还是奇数。

（2）输入 3 个数，要求按从小到大的顺序输出。

（3）输入一个数，判别它是否能被 5 整除。若能被 5 整除，输出 yes；若不能被 5 整除，输出 no。

（4）输入一个字符，判别此字符的类别，是大写字母、小写字母、数字还是其他字符。

（5）求 100 以内的全部偶数的和。

（6）计算 5+55+555+…前 10 项之和。

（7）求 1！+2！+3！+…+10！的和。

（8）鸡兔同笼问题：今有鸡兔同笼，上有 35 头，下有 94 足，问鸡兔各几何。

05

第5章 函数与模块

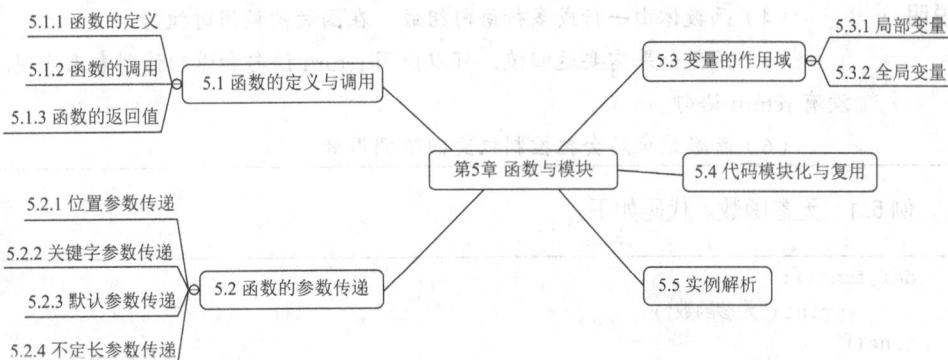

本章重点是掌握函数的定义与调用、函数的参数传递、变量的作用域变量。

难点是函数的参数传递、变量的作用域（全局变量）。

5.1 函数的定义与调用

一个大型的任务可以划分为多个小任务，每个小任务又可以划分为几个更小的任务或步骤。在用程序实现任务时，每个任务都对应一个模块，可以使程序的结构更强，从而增加了程序的可读性和重用性。在 Python 中，程序的基本组成模块是函数。Python 把完成一项独立功能的一段代码用一个函数来实现。

函数的使用分为 4 个步骤：函数定义、函数调用、函数执行和函数返回。

5.1.1 函数的定义

函数就是把具有独立功能的代码块组成一个小模块，并在需要的时候调用。在开发程序时，使用函数可以提高编程的效率。代码的重用函数是带名字的代码块，用于在程序中需多次执行同一项任务时，无须反复编写完成该任务的代码，而只需调用能完成该任务的函数。

函数定义的格式为：

def 函数名(<参数列表>) :

    <函数体>

    return <返回值列表>

说明

（1）def 是英文单词 define 的缩写。

（2）函数名要求是一个有效的 Python 标识符。

（3）参数列表中的参数是形式参数，简称为"形参"。参数列表用于在调用函数时给函数传递值，参数个数不受限制，多个参数之间用逗号隔开，当没有参数时也要保留圆括号。

（4）函数体由一行或多行语句组成，在函数被调用时执行。

（5）函数如果需要返回值，可以使用 return 语句和返回值列表来实现。函数也可以没有 return 语句。

（6）函数结束后会把控制权交回给调用者。

例 5.1　无参函数。代码如下：

```
def func():
    print("无参函数")
func()
```

程序运行后的结果如下：

无参函数

注意

在实际应用中，如果函数体的代码逻辑不需要依赖外部传入的值，则必须定义无参函数。

例 5.2　创建两个数相加并输出结果的函数。代码如下：

```
def func(x,y):
    sum=x+y
    print("x+y=",sum)
func(10,20)
```

程序运行后的结果如下：

x+y= 30

注意

（1）在定义函数时，如果括号内有参数，那么该函数称为有参函数。

（2）定义有参函数后，在调用函数时也必须传入参数。

（3）如果函数体代码逻辑需要依赖外部传入的值，则必须将函数定义成有参函数。

例 5.3 空函数。代码如下：

```
def func():
    pass
func()
```

程序运行后的结果如下：

（1）pass 语句表示什么都不做，用作占位符。如果还没想好怎么写函数的代码，就可以先放一个 pass 语句，让代码能运行起来。

（2）pass 语句不能省略。

5.1.2　函数的调用

函数定义后不能直接运行，需要经过调用才能运行。

函数调用的格式为：

函数名(<实际赋值参数列表>)

例 5.4 调用内置函数，实现对数值-4 先求绝对值再开平方，最后输出结果。代码如下：

```
import math
print(math.sqrt(abs(-4)))
```

程序运行后的结果如下：

```
2.0
```

（1）abs()函数是 Python 的内置函数，用来求绝对值。

（2）sqrt()函数是 Python 的内置函数，用来求平方根。

（3）sqrt()函数是不能直接访问的，需要先导入 math 模块，再通过静态对象调用该函数。

（4）调用函数的时候，传入的参数的数量和参数的类型要正确。

例 5.5 调用用户自定义函数，创建两个数相乘并输出结果的函数。代码如下：

```
def func(x,y):
    sum=x*y
    print("x*y=",sum)
func(10,20)
a=20
b=30
func(a,b)
```

程序运行后的结果如下：

```
x*y= 200
x*y= 600
```

（1）可以根据需要调用函数任意次。

（2）通过函数名调用函数时，需要对函数的各个参数赋予实际值，该值可以是实际数据，也可以是在调用函数前已经定义过的变量。

（3）函数的功能与黑盒相似，使用者不需要了解函数的内部实现原理，只需要了解函数的输入和输出就可以了。

5.1.3 函数的返回值

如果需要在程序中对函数的处理结果做进一步处理，则函数需要有返回值。

函数返回值的格式为：

return 值

（1）return 语句用来结束函数并将程序返回到函数被调用的位置，然后继续执行代码。

（2）return 语句可以出现在函数中的任何位置。

（3）return 语句是一个函数结束的标志，函数内可以有多个 return 语句，但只要执行一次 return 语句，整个函数就会结束运行。

（4）return 语句的返回值无类型限制，即可以是任意数据类型。

（5）return 语句的返回值无个数限制，即可以用逗号分隔开多个任意类型的返回值。

例 5.6 判断 x，y 两数的大小，输出较大数。代码如下：

```python
def max2(x,y):
    if x > y:
        return x
    else:
        return y
print("判断x，y两数的大小，输出较大数: ",max2(50,40))
```

程序运行后的结果如下：

```
判断x，y两数的大小，输出较大数:  50
```

本例中有两个 return 语句，不管执行哪一个 return 语句，整个函数都会结束运行。

例 5.7 x 除以 y 并输出余数和商的函数。代码如下：

```python
def func(x, y):
    re = x % y
    dis = (x - re) / y
```

```
    return (re, dis) #也可以写作 return  re, dis
a, b = func(9, 4) #也可以写作 (a , b) = func( 9, 4 )
print('余数是: ',a,', 商是: ', b)
```

程序运行后的结果如下:

```
余数是: 1 , 商是: 2.0
```

本例中 return 语句的返回值有两个 (re 和 dis), 返回值之间用逗号隔开。

5.2 函数的参数传递

函数在定义时, 参数列表中参数是形式参数, 简称为"形参"。函数在调用时, 实际赋值参数列表中的参数是实际参数, 简称为 "实参"。参数传递是指在程序运行过程中, 实参将值传递给对应的形参的过程。Python 一般采用的参数传递方式有位置参数传递、关键字参数传递、默认参数传递和不定长参数传递。

Python 是弱类型的编程语言, 变量在定义的时候不需要指定类型, 这点与 C 语言、Java 等不同。Python 变量可以是任何类型, 由于 Python 语言具有垃圾回收机制, 因此 Python 语言中有一个与 C 语言不同的行为, 在 C 语言中一旦变量被定义, 那么它所指向的内存地址在程序运行过程中是不会变化的, 使用者可以通过直接修改变量所指内存的内容来改变变量的值。但是这在 Python 中是行不通的, 使用者不能修改变量 (其实是常量) 的值。一旦修改, 相当于重新定义该变量。

(1) 在函数内部直接修改形参的值不会影响实参。

例 5.8 定义一个函数 test(), 并进行参数传递, 查看实参和形参的内存地址的变化。代码如下:

```
def test(x):
    print('x 的内存地址: ',id(x))
    x=12
    print('x 修改值后的内存地址: ', id(x))

a = 22
print('a 的内存地址: ',id(a))
test(a)
```

程序运行后的结果如下:

```
a 的内存地址: 1474102384
x 的内存地址: 1474102384
x 修改值后的内存地址: 1474102064
```

本例中的 x 为形参, a 为实参。Python 中的 id()函数用于获取对象的内存地址。a 在定义时分配的内存地址为 1474102384。当调用函数 test()时, a 作为实参传递值给形参 x, 即 a 将指向的内存块的地址传给 x, 因此 a 和 x 的内存地址是一样的。在函数 test()中修改形参 x 的值后, 在 Python 中相当于重新定义 x, 所以重新分配内存地址 1474102064 给 x, 因为在 Python 中, 变量的内容相当于常量, 是不能修改的。

（2）如果传递给函数的实参是列表、字典、集合或者其他自定义的可变序列，并且在函数内部使用下标或序列自身支持的方式为可变序列增加、删除元素或修改元素值时，修改后的结果会反映到函数之外，同时实参也会得到了相应的修改。

例 5.9　定义一个函数 test()，并进行参数传递，查看实参和形参的内存地址的变化。代码如下：

```
#参数传递, 传入列表
def changelist(list2):
    list2.append([1, 2, 3, 4])#修改传入的列表
    print("函数内取值: ", list2)
list1 = [10, 20, 30]
changelist(list1)#调用 changelist()函数
print("函数外取值: ", list1)
```

程序运行后的结果如下：

```
函数内取值:  [10, 20, 30, [1, 2, 3, 4]]
函数外取值:  [10, 20, 30, [1, 2, 3, 4]]
```

本例中的 list2 为形参，list1 为实参。Python 中的 append()函数用于在列表末尾追加新的对象。当调用函数 changelist()时，list1 作为实参传递值给形参 list2，即 list1 将指向的内存块的地址传给 list2，因此 list1 和 list2 的内存地址一样，即指向内存中的相同位置。在 changelist()函数中，通过调用 list2.append([1,2,3,4])往 list2 末尾追加[1,2,3,4]列表。因为 list1 和 list2 具有相同的内存地址，所以输出的结果一样。

5.2.1　位置参数传递

位置参数是指必须以正确的顺序传入函数，并且调用时的数量必须和声明时一样的函数的参数。

例 5.10　定义一个函数 func()，用于计算 3 个数的平方和，并返回计算结果。代码如下：

```
def func(x,y,z):
    return x**2+y**2+z**2
z=func(2,3,4)
print('z=',z)
```

程序运行后的结果如下：

```
z= 29
```

本例中调用时传入的实参 2、3、4 必须与形参 x、y、z 的顺序一一对应。

5.2.2　关键字参数传递

大部分语言在调用函数时，一般按照参数的顺序来传递参数，但 Python 中的关键字参数允许函数调用时参数的顺序与声明时不一致，因为 Python 解释器能够用参数名匹配参数值，这种方式会显著增强程序的可读性。

按照关键字传递参数的函数的调用格式为：

<函数名>(<参数名>=<实际值>)

说明　　使用参数名称传递参数时允许函数调用时参数的顺序与声明时不一致，即参数之间的顺序可以任意调整，因为 Python 的解释器能够通过参数名匹配参数值。

例 5.11　定义一个函数 mult()，用于计算 a 除以 b，并输出结果。代码如下：

```python
def mult(a,b):
    result=a/b
    print('result=',result)
mult(b=20,a=30)
mult(a=40,b=20)
```

程序运行后的结果如下：

```
result= 1.5
result= 2.0
```

5.2.3　默认参数传递

函数的参数在定义时可以指定为默认值，当函数被调用时，如果没有传入对应的参数值，系统会使用函数定义时的默认值。使用默认参数能降低调用函数的难度。

带默认值参数的函数的定义格式为：

def <函数名>（<非可选参数列表>，<可选参数>=<默认值>）：

　　　　<函数体>

　　　　return <返回值列表>

说明　　（1）定义参数时，非可选参数在前，默认参数在后，否则 Python 的解释器会报错。

（2）当函数有多个参数时，把变化大的参数放前面，变化小的参数放后面，变化小的参数就可以作为默认参数。

（3）默认参数必须指向不变的对象。

例 5.12　定义一个函数 power()，用于求 x 的 n 次方，n 的默认值为 2。代码如下：

```python
def power(x, n=2):
    s = 1
    while n > 0:
        n = n - 1
        s = s * x
    return s
print('3 的平方：',power(3))
print('3 的 4 次方：',power(3,4))
```

程序运行后的结果如下:

```
3 的平方: 9
3 的 4 次方: 81
```

本例中的 n 为默认参数,默认值为 2。power(3)的第一个形参 x 传递的实参是 3,第二个形参 n 没有传递值,采用的是默认值 2,所以此函数调用相当于 power(3,2)。power(3,4)的第一个形参 x 传递的实参是 3,第二个形参 n 传递的实参是 4,那么此时默认值就没有用。

5.2.4 不定长参数传递

在定义函数时,我们有时候并不知道调用函数时会传递多少个参数,因此需要一个能处理比声明时更多的参数的函数。这些参数叫作不定长参数。

按照不定长参数传递的函数的定义格式为:

def 函数名([formal_args,] *var_args_tuple):

    <函数体>

    return <返回值列表>

> **说明**
> (1)[formal_args,]为可选参数。
> (2)加了星号(*)的变量会存放所有未命名的变量参数。
> (3)var_args_tuple 是元组。

例 5.13 定义一个函数 func(*name),用于计算参数 name 的乘积,并输出结果。代码如下:

```
def func(*name):
    result=1
    for i in name:
        result=result*i
    print('不定长参数 name 的值: ',name,', 类型: ',type(name),'计算后的结果 result: ',result)
func(1,2,3)
func(4,5,6,7,8,9)
```

程序运行后的结果如下:

```
不定长参数 name 的值: (1, 2, 3) , 类型: <class 'tuple'> 计算后的结果 result: 6
不定长参数 name 的值: (4, 5, 6, 7, 8, 9) , 类型: <class 'tuple'> 计算后的结果 result: 60480
```

本例中两次调用 func()函数,尽管参数个数不同,但都基于同一个 func()函数定义。在 func()函数的参数列表中,所有的参数被 name 收集,并根据位置合并成一个元组(tuple)。

5.3 变量的作用域

变量的作用域即变量的作用范围(有效范围),表现为有的变量可以在整个程序中引用,有的变量则只能在局部范围内引用。变量按其作用域范围可分为局部变量和全局变量。在 Python 中,局部变量仅在函数内部使用,且作用域也在函数内部;而全局变量的作用域可以跨越多个函数。

5.3.1　局部变量

局部变量是在函数内部定义的变量，其作用范围是函数的内部，即只能在这个函数中使用，在函数的外部是不能使用的。为了临时保存数据，需要在函数中定义变量来进行存储，这种变量就是局部变量。当函数调用时，局部变量被创建，当函数调用完成后这个变量就不能使用了。

例 5.14　定义一个函数 func()，实现形参 x 和局部变量 y 相加，并输出结果。代码如下：

```
def func(x):
  y = 4
  print("加法的运行结果: ", x + y)
sum = 1
print("初始 sum=", sum)
func(sum)
print("y 的值: ", y)
```

程序运行后的结果如下：

```
初始 sum= 1
加法的运行结果:  5
Traceback (most recent call last):
  File "H:/备课/大数据/newwork/sljx44.py", line 349, in <module>
    print("y 的值: ", y)
NameError: name 'y' is not defined
```

本例中的 x、y 为局部变量，x、y 的作用域为 func() 函数内部。在 func() 函数外部访问局部变量 y 时，程序会报错，报错的原因是试图访问局部变量，而访问的地方不在变量 y 的作用域中。

5.3.2　全局变量

全局变量是在函数外部定义的变量，其作用范围是整个程序。全局变量在函数内部使用时，需要使用关键字 global 声明。

带 global 定义的全局变量的格式为：

global <全局变量>

例 5.15　定义一个函数 func()，实现修改全局变量 s 的值，并输出 s 的初始值、修改值等。代码如下：

```
def func():
  global s
  s = 3
  print("函数内修改后 s: ", s)
s= 1
print("初始 s: ", s)
func()
print("运行完函数后 s: ",s)
```

程序运行后的结果如下：

```
初始 s：1
函数内修改后 s：3
运行完函数后 s：3
```

本例中的 s 为全局变量，s 的作用域是整个程序。如果要在 func()函数内修改全局变量 s 的值，就要使用 global 关键字，这样 Python 编译器将把这个变量当作全局变量而不是局部变量进行处理。如果在 func()函数中没有对 s 使用 global 关键字，那么 s 就是 func()函数内部定义的局部变量。

5.4 代码模块化与复用

当不同程序具有相同功能时，实现功能的代码往往一样，我们可以选择直接复制代码，这样的操作虽然简单，但是很容易留下隐患。其一是代码修改起来很烦琐，如果相同的代码出错了，就需要修改所有有该错误的代码；其二是很容易留下 bug，因为这样子写代码逻辑会混乱，很不适合代码的顺序结构。因此我们要采用一些函数来增加代码的复用性，使用类与函数，当更新函数功能时，所有被调用处的功能都会被更新。

在计算机程序的开发过程中，随着程序代码越写越多，在一个文件里的代码就会越来越长，程序的可读性会变差，也会变得越来越不容易维护。解决这个问题的函数是将程序分割成较小的程序段，每一段程序完成一个小的功能。使用函数能将程序合理划分成各个功能模块。为了编写可维护的代码，我们可以把很多函数分组，分别放到不同的文件里，这样每个文件包含的代码就相对较少，很多编程语言都采用这种组织代码的方式。在 Python 中，一个.py 文件就被称为一个模块（Module）。

Python 模块化的好处如下。

（1）大大提高了代码的可维护性。

（2）编写代码不必从零开始。当一个模块编写完毕，就可以在其他地方引用它。我们在编写程序的时候，会经常引用其他模块，例如 Python 内置的模块和来自第三方的模块。

（3）使用模块还可以避免函数名和变量名冲突。具有相同名字的函数和变量完全可以分别存在不同的模块中，但尽量不要与内置函数名冲突。

（4）为了避免模块名冲突，Python 引入了按目录来组织模块的函数，称为包（Package）。

例 5.16 使用内置的 sys 模块，编写一个 func()函数。代码如下：

```
import sys
def func():
  args=sys.argv
  if len(args)==1:
    print('hello,world!')
func()
```

程序运行后的结果如下：

```
hello,world!
```

在上面的程序中，首先通过 import 关键字导入 sys 模块，导入 sys 模块后，我们就有了变量 sys 指向该模块，利用变量 sys 可以访问 sys 模块的所有功能。例如代码 sys.argv 可以用来访问 sys 模块中的变量 argv。接着通过 len()函数获取变量 argv 的长度，如果长度为 1，则输出字符串 hello,world!。

5.5 实例解析

1. 案例说明

编写一个程序：输入一个正整数 N，创建一个函数判断 N 是否为质数；接着利用这个函数计算 1~N 内（不含 N）所有质数的平方和，直接输出结果。

2. 编程思路

（1）如何创建判断一个数是否为质数的函数 prime()？该函数需要带一个参数 N，返回一个布尔类型的值，返回值为 True 时表示该数是质数，返回值为 False 时表示该数不是质数。

① 如何判断质数？质数是在大于 1 的自然数中，除了 1 和它本身以外不再有其他因数的自然数。

② 判断形参 N 是否为 1，如果是变量 flag 的值为 False，表示该数不是质数，否则转入步骤③。

③ 首先设置 flag 的值为 True，表示该数为质数；接着利用 range()函数，若在 2~N-1 内，只要有一个数能被 N 整除，那么 flag 的值为 False，表示该数不是质数，利用 break 语句跳出循环。

（2）输入一个数并赋值给 n。

（3）利用 eval()函数，把 n 转换成数值 N。

（4）利用 range()函数，在 1~N-1 内，利用 prime()函数判断区间中的数是否为质数，如果是质数，就利用**运算符对该数求平方，并利用变量 s 对这些质数的平方进行求和。

3. 程序代码

```
def prime(N):
    if N==1:
        flag=False
    else:
        flag=True
        for i in range(2,N-1):
            if N%i==0:
                flag=False
                break
    return flag
n=input("请输入正整数: ")
N=eval(n)
s=0
for i in range(1,N):
    if(prime(i)):
        s+=i**2
print("1~",N,"内的所有质数的平方和 s=",s)
```

4. 输出结果

程序运行后的测试结果如下：

请输入正整数：5
1~5 内的所有质数的平方和 s= 13

5.6　本章小结

本章首先介绍了函数的定义和调用，具体讲解了函数传递的 4 种方法，分别为位置参数传递、关键字参数传递、默认参数传递和不定长参数传递。接着介绍了变量的作用域，按其作用域范围可将变量分为局部变量和全局变量。还介绍了函数在代码复用中的作用，如何将函数存储在被称为模块的独立文件中，让程序文件更简单、更易于理解。最后通过实例解析的例子理解并实践 Python 中函数的知识点。

5.7　习题

1. 选择题

（1）关于函数的描述，以下选项中正确的是＿＿＿＿＿＿＿。

A. 函数的作用是提高代码执行速度

B. 一个函数中只允许有一条 return 语句

C. 如果在函数定义时没有对参数指定类型，那么参数在函数中可以当作任意类型使用

D. Python 中，定义函数必须使用 def 关键字

（2）以下程序运行后的输出结果是＿＿＿＿＿＿＿。

```
def func(a):
    a+=2
b=10
func(b)
print(b)
```

A. 10　　　　　　B. 12　　　　　　C. 2　　　　　　D. 出错

（3）关于全局变量和局部变量，以下描述不正确的是＿＿＿＿＿＿＿。

A. 全局变量在程序执行的全过程有效

B. 变量按其作用域范围可分为局部变量和全局变量

C. 全局变量不能和局部变量同名

D. 全局变量一般没有缩进

（4）关于形参和实参的描述，以下描述正确的是＿＿＿＿＿＿＿。

A. 函数定义时，可选参数可以放在非可选参数前面

B. 函数调用时，可以采用随机顺序的方式将值传递给函数

C. 函数在调用时，会将实参赋值给函数的形参

D. 函数定义时参数列表里面的参数是实际参数，简称实参

（5）给出如下代码：

```
def func(x,y):
  z=x+y
  y=x
  return z
x=10
y=100
z=func(x,y)+x
```

以下描述错误的是_____。

    A. 执行该代码后，变量 y 的值为 100

    B. 执行该代码后，变量 x 的值为 10

    C. 执行该代码后，变量 z 的值为 110

    D. 该函数的函数名为 func

（6）关于 return 语句，以下描述正确的是_____。

    A. return 语句只能返回一个值

    B. 函数必须要有 return 语句

    C. 函数可以没有 return 语句

    D. 函数中最多只能有一个 return 语句

（7）以下选项中对函数的目的与意义描述错误的是_____。

    A. 使用函数时，没有必要了解函数内部的实现细节

    B. 编写大型复杂程序时，使用函数有利于采用分而治之的策略

    C. 函数可以支持代码复用

    D. 函数能调用未实现的函数

（8）执行下面的代码，正确的调用是_____。

```
def func(x,y=12,z=13):
pass
```

    A. func(11,x=12,z=23)   B. func(x=11,2)

    C. func(11,y=22,t=11)   D. func(11)

（9）以下选项中，对于函数的定义错误的是_____。

    A. def func()   B. def func(x,y=2)

    C. def func(x,*y)   D. def func(*x,y)

（10）以下程序运行后的输出结果是_____。

```
def exchange(x,y):
    x,y=y,x
    return x,y
a=20
b=30
a,b=exchange(a,b)
print(a,b)
```

    A. 20　20   B. 20 30   C. 30　20   D. 20,30

2. 填空题

（1）Python 中定义函数的关键字是_____。

（2）在函数内部可以通过关键字_____来定义全局变量。

（3）如果函数中没有 return 语句或者 return 语句不带任何返回值，那么该函数的返回值为_____。

（4）_____是代码复用的一种方式。

（5）变量按其作用域范围可分为_____和_____。

（6）在函数内部没有任何声明的情况下直接为某个变量赋值，这个变量一定是函数内部的_____。

3. 编程题

（1）输入两个数，调用函数 gys() 找出该数的最大公约数并输出。

（2）编写一个函数，将温度从华氏温度转换为摄氏温度，转换表达式为 C=5/9*(F-32)。

（3）编写一个函数，实现根据用户输入的用户名和密码判断是否登录成功。当用户名为 cat 且密码为 123 时，函数返回"登录成功"，否则函数返回"登录失败"。

（4）编写一个函数，根据输入的数 n，输出 1~n 内不能被 7 整除的数，每行输出 10 个数字，要求应用字符串格式化方法（任何一种均可）美化输出格式。

（5）编写一个函数，求 s=a+aa+aaa+aaaa+aa…a 的值，其中 a 是一个数字，由参数传入。例如 2+22+222+2222+22222（此时共有 5 个数相加），几个数相加由参数传入。最后返回计算的结果。

（6）编写一个函数，计算传入字符串中的数字、字母、空格以及其他字符的个数。

（7）编写一个函数，当输入的 n 为偶数时，调用函数求 1/2+1/4+…+1/n 的值，当输入的 n 为奇数时，调用函数求 1/1+1/3+…+1/n 的值。

06 第6章 组合数据类型

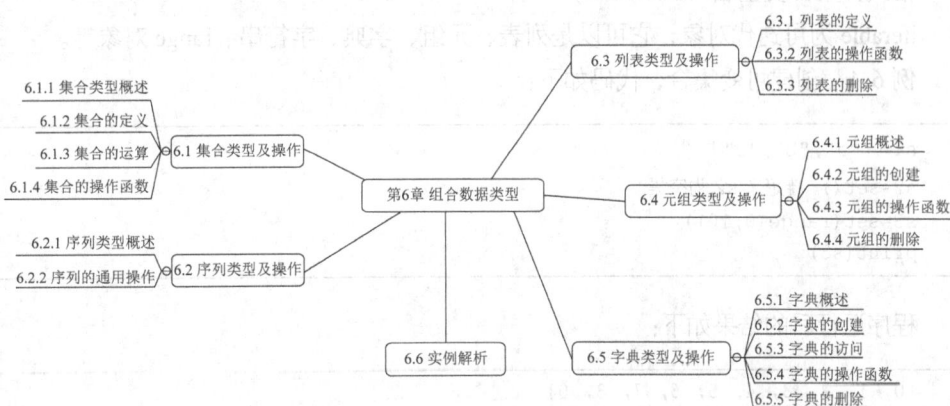

本章重点是掌握集合类型及操作、列表类型及操作、元组类型及操作、字典类型及操作等。

难点是序列类型切片和操作函数，以及字典映射数据类型的操作方法。

6.1 集合类型及操作

Python 包括多种由基本数据类型组合而成的数据类型，这些组合数据类型按照结构可以划分为集合、序列（如列表和元组等）和映射（如字典）3 种子类型。

6.1.1 集合类型概述

在数学中，集合是由一个或多个确定的元素构成的组合。具体来说是指具有某种特定属性、具体的或抽象的对象汇聚一起的集体，其中这些对象称为该集合的元素或成员。例如在自然数集合中，数值 1、2、3 等是该集合的元素。Python 中的集合同数学中的集合一样，可以执行集合的并、交、差运算。

Python 集合存储的元素是唯一的、不可重复的，因此集合经常用于元组或者列表中的元素去重；同时集合的元素是无序的，因此不能通过下标索引集合元素。

Python 集合有两种不同的类型：可变集合和不可变集合。可变集合可以添加或删除元素，但可变集合所存储的元素不能被哈希，因此不能用作字典的键；不可变集合不能添加或删除元素，但其中的元素是可哈希的，可以用作字典的键。

6.1.2　集合的定义

1. 使用 { } 创建集合

格式：集合变量名={元素 1,元素 2,元素 3,…,元素 n}

2. 使用关键字 set 创建可变集合

格式：集合变量名=set(iterable)

iterable 为可迭代对象，它可以是列表、元组、字典、字符串、range 对象等。

例 6.1　创建可变集合，代码如下：

```
s1={"a","b","c"}
s2=set()   #定义 s2 为空集
s3=set(range(0,10))
print(s3)
```

程序运行后的结果如下：

```
{0, 1, 2, 3, 4, 5, 6, 7, 8, 9}
```

例 6.2　创建可变集合，代码如下：

```
list1=['hello', 'Jack']
s4=set(list1)
print(s4)
```

程序运行后的结果如下：

```
{'Jack', 'hello'}
```

3. 使用关键字 frozenset 创建不可变集合

格式：集合变量名= frozenset (iterable)

iterable 为可迭代对象，它可以是列表、元组、字典、字符串、range 对象等。

例 6.3　创建不可变集合，代码如下：

```
s5= frozenset(range(0,10))
print(s5)
```

程序运行后的结果如下：

```
frozenset({0, 1, 2, 3, 4, 5, 6, 7, 8, 9})
```

6.1.3　集合的运算

1. 子集

Python 集合之间也可进行数学集合运算（如并集、交集、差集等），可用相应的操作符或方法来实现。可以使用操作符<执行子集操作，也可使用 issubset()方法来完成。

例 6.4　用操作符<执行子集操作，代码如下：

```
A = set('abcd')
B = set('cdef')
C = set('ab')
C < A
```

程序运行后的结果如下：

```
True
```

例 6.5　用 issubset()方法执行子集操作，代码如下：

```
C.issubset(A)
```

程序运行后的结果如下：

```
True
```

2. 并集

一组集合的并集是这些集合的所有元素构成的集合。可使用操作符|执行并集操作，也可使用 union()方法来完成。

例 6.6　用操作符|执行并集操作，代码如下：

```
A | B
```

程序运行后的结果如下：

```
{'c', 'b', 'f', 'd', 'e', 'a'}
```

例 6.7　用 union()方法执行并集操作，代码如下：

```
A.union(B)
```

程序运行后的结果如下：

```
{'c', 'b', 'f', 'd', 'e', 'a'}
```

3. 交集

集合 A 和 B 的交集是包含所有既属于 A 又属于 B 的元素，而没有其他元素的集合。可使用操作符&执行交集操作，也可使用 intersection()方法来完成。

例 6.8　用操作符&执行交集操作，代码如下：

```
A & B
```

程序运行后的结果如下：

```
{'c', 'd'}
```

例 6.9　用 intersection()方法执行交集操作，代码如下：

```
A.intersection(B)
```

程序运行后的结果如下：

```
{'c', 'd'}
```

4. 差集

集合 A 与 B 的差集是所有属于 A 且不属于 B 的元素构成的集合。可使用操作符-执行差集操作，也可使用 difference()方法来完成。

例 6.10　用操作符-执行差集操作，代码如下：

```
A - B
```

程序运行后的结果如下：

```
{'b', 'a'}
```

例 6.11　用 difference()方法执行差集操作，代码如下：

```
A.difference(B)
```

程序运行后的结果如下：

```
{'b', 'a'}
```

5. 对称差

两个集合的对称差是只属于其中一个集合，而不属于另一个集合的元素组成的集合（两个集合合并删除相同元素，其余元素保留）。可使用操作符^执行对称差操作，也可使用 symmetric_difference() 方法来完成。

例 6.12　用操作符^执行对称差操作，代码如下：

```
A ^ B
```

程序运行后的结果如下：

```
{'b', 'f', 'e', 'a'}
```

例 6.13　用 symmetric_difference() 方法执行对称差操作，代码如下：

```
A.symmetric_difference(B)
```

程序运行后的结果如下：

```
{'b', 'f', 'e', 'a'}
```

6.1.4　集合的操作函数

集合的操作函数如表 6.1 所示。

表 6.1　　　　　　　　　　　　　　　集合的操作函数表

序号	函数	描述
1	add(self, *args, **kwargs)	把要传入的元素添加到集合中
2	clear(self, *args, **kwargs)	清空集合里面的所有元素
3	copy(self, *args, **kwargs)	复制集合里面的所有元素，并返回一个浅复制
4	difference(self, *args, **kwargs）	求两个集合里面的不同的元素，又称"差"
5	difference_update(self, *args,**kwargs)	返回删除"集合 2"中含有的元素后的"集合 1"
6	discard(self, *args, **kwargs)	如果在"集合"中存在元素 x，则将其删除
7	intersection(self, *args, **kwargs)	求两个集合里面相同的元素，又称"交"，即返回只保留含有"集合 2"中元素的"集合 1"
8	intersection_update(self, *args, **kwargs)	返回只保留含有"集合 2"中元素的"集合 1"，并更新自己
9	isdisjoint(self, *args, **kwargs)	判断两个集合是不是不相交
10	issubset(self, *args, **kwargs)	判断集合是不是包含其他集合，等同于 a>=b
11	issuperset(self, *args, **kwargs)	判断集合是不是被其他集合包含，等同于 a<=b
12	pop(self, *args, **kwargs)	删除并且返回"集合"中的一个不确定的元素，如果为空则引发 KeyError
13	remove(self, *args, **kwargs)	从"集合"中删除元素，如果不存在则触发异常
14	symmetric_difference(self, *args, **kwargs)	返回两个集合中不重复的元素集合
15	symmetric_difference_update(self, *args, **kwargs)	从当前集合中移除在另一个指定集合中存在的相同元素，并将该指定集合中不同的元素插入当前集合
16	union(self, *args, **kwargs)	把两个集合连接起来，又称"并"
17	update(self, *args, **kwargs)	可以在集合里面添加多项（使用 add() 函数向集合中添加元素）

（1）使用 add() 函数向集合中添加元素。

例 6.14　用 add() 函数向集合中添加元素，代码如下：

```
s = {1, 2, 3, 4, 5, 6}
s.add("s")
s
```

程序运行后的结果如下：

```
{1, 2, 3, 4, 5, 6, 's'}
```

（2）使用 clear()函数清空集合。

例 6.15　用 clear()函数清空集合，代码如下：

```
s = {1, 2, 3, 4, 5, 6}
s.clear()
s
```

程序运行后的结果如下：

```
set()
```

（3）使用 copy()函数返回集合的浅复制。

例 6.16　用 copy()函数返回集合的浅复制，代码如下：

```
s = {1, 2, 3, 4, 5, 6}
new_s = s.copy()
new_s
```

程序运行后的结果如下：

```
{1, 2, 3, 4, 5, 6}
```

（4）使用 pop()函数删除并返回任意的集合元素（如果集合为空，会引发 KeyError 异常）。

例 6.17　用 pop()函数删除并返回任意的集合元素，代码如下：

```
s = {1, 2, 3, 4, 5, 6}
print(s.pop())    # pop()是无序的随机删除
print(s)
```

程序运行后的结果如下：

```
1
{2, 3, 4, 5, 6}
```

（5）使用 remove()函数删除集合中的一个元素（如果元素不存在，会引发 KeyError 异常）。

例 6.18　用 remove()函数删除集合中的一个元素，代码如下：

```
s = {1, 2, 3, 4, 5, 6}
s.remove(3)
s
```

程序运行后的结果如下：

```
{1, 2, 4, 5, 6}
```

（6）使用 discard()函数删除集合中的一个元素（如果元素不存在，则不执行任何操作）。

例 6.19 用 discard()函数删除集合中的一个元素，代码如下：

```
s = {1, 2, 3, 4, 5, 6}
s.discard("7")
s
```

程序运行后的结果如下：

```
{1, 2, 3, 4, 5, 6}
```

（7）使用 intersection_update()函数，用一个集合与另一个集合的交集来更新这个集合。

例 6.20 用一个集合与另一个集合的交集更新这个集合，代码如下：

```
s={'a','b','c','d','q'}
s2 = {'c','d', 'e', 'f'}
s.intersection_update(s2)
s
```

程序运行后的结果如下：

```
{'c', 'd'}
```

（8）使用 isdisjoint()函数判断两个集合是否有一个空的交集，如果有则返回 True，否则返回 Flase。

例 6.21 判断两个集合是否有一个空的交集，代码如下：

```
s = {1, 2}
s1 = {3, 4}
s2={2,5}
print(s.isdisjoint(s1))
print(s.isdisjoint(s2))
```

程序运行后的结果如下：

```
True
False
```

s 和 s1 两个集合的交集为空，因此返回 True；而 s 和 s2 两个集合的交集为"2"，不是空，所以返回 False。

（9）使用 issuperset()函数判断一个集合是否包含另一个集合，如果包含则返回 True，否则返回 False。

例 6.22 判断一个集合是否包含另一个集合，代码如下：

```
s = {1, 2, 3}
s1 = {1, 2, 3, 4}
s2 = {2, 3}
s.issuperset(s1)
s.issuperset(s2)
```

程序运行后的结果如下：

```
False
True
```

s 集合不包含 s1 集合，但包含 s2 集合。

（10）使用 difference_update()函数从一个集合中删除另一个集合的所有元素。

例 6.23　从一个集合中删除另一个集合的所有元素，代码如下：

```
s = {1, 2, 3}
s1 = {1, 2, 3, 4}
s2 = {2, 3}
s.difference_update(s2)
print(s)
s1.difference_update(s2)
print(s1)
```

程序运行后的结果如下：

```
{1}
{1, 4}
```

s、s1 和 s2 中均包含元素 "2" "3"。

（11）使用 symmetric_difference_update()函数，用一个集合与另一个集合的对称差来更新这个集合。

例 6.24　用一个集合与另一个集合的对称差来更新这个集合，代码如下：

```
s = {1, 2, 3}
s1 = {1, 2, 3, 4}
s2 = {2, 3}
s1.symmetric_difference_update(s)
s1.symmetric_difference_update(s2)
print(s1)
print(s2)
```

程序运行后的结果如下：

```
{2,3,4}
{2,3}
```

6.2　序列类型及操作

6.2.1　序列类型概述

序列是 Python 中最基本的数据结构，是通过对数据元素进行编号并将它们组织在一起的集合。序列成员是有序排列的，序列为每个元素分配了一个数字，这个数字代表它的位置，这个数字也叫索引或下标。序列都可以进行的操作包括索引、切片、加、乘等。Python 中有 6 种内置的序列，分别为列表、元组、字符串、Unicode 字符串、buffer 对象、xrange 对象。

6.2.2　序列的通用操作

1. 索引（Indexing）

序列为每个元素分配了一个序号，即元素的位置，称为索引。正数第一个元素的索引为 0，正数第二个元素的索引为 1，倒数第一个元素的索引为-1，以此类推。

例 6.25　索引，代码如下：

```
ls = [1,2,3,4,5,6,7]
print(ls[4])
print(ls[-1])
tu = (1,2,3,4,5,6,7)
print(tu[0])
print(tu[-1])
```

程序运行后的结果如下：

```
5
7
1
7
```

2. 切片（Slicing）

可以使用切片来截取序列中的任何部分，从而得到一个新序列。序列切片格式如下：

序列名[start_index:end_index:step]

表示从索引 start_index 对应的元素开始每 step 个元素取出来一个，直到取到索引 end_index（不含 end_index）对应的元素前结束，如果 step 为空，则默认为 1。

例 6.26　切片，代码如下：

```
ls_1=[1, 2, 3, 4, 5, 6, 7]
print(ls_1[4:6])
```

程序运行后的结果如下：

```
[5, 6]
```

当 step 为正时，Python 会从序列头部开始向右提取元素，直到提取到最后一个元素，索引 start_index 对应的元素应在索引 end_index 对应的元素的左边，否则将返回一个空序列；与使用下标索引序列元素的方法不同，切片操作不会因为下标越界而抛出异常，而是会简单地在列表尾部截断或者返回一个空序列，因此代码具有更强的健壮性。程序代码如下：

```
print(ls_1[6:2])
```

程序运行后的结果如下:

```
[]
```

当 step 为负时，Python 会从序列尾部开始向左提取元素，直到提取到第一个元素，这时索引 start 的元素应在索引 end 的元素的右边，否则将返回一个空序列。注意 step 不能为 0。程序代码如下:

```
print(ls_1[-3:-1])
print(ls_1[-1:-3])
print(ls_1[1:3:0])
```

程序运行后的结果如下:

```
[5, 6]
[]
--------------------------------------------------------------------
ValueError                        Traceback (most recent call last)
<ipython-input-45-46f50f34e9a2> in <module>
     2 print(ls_1[-3:-1])
     3 print(ls_1[-1:-3])
----> 4 print(ls_1[1:3:0])
ValueError: slice step cannot be zero
```

此处异常是因为切片 ls_1[1:3:0]违背了 step 不能为 0 的原则。

切片可以返回列表的浅复制，如 ls_1[:]=ls_1 ,1s_1[:]将得到包含 1s_1 序列所有的元素分片。

例 6.27　切片，代码如下:

```
ls_2=[1, 2, 3, 4, 5, 6, 7]
print(ls_2[:])
print(ls_2[2:])
print(ls_2[:7:2])
print(ls_2[::2])
```

程序运行后的结果如下:

```
[1, 2, 3, 4, 5, 6, 7]
[3, 4, 5, 6, 7]
[1, 3, 5, 7]
[1, 3, 5, 7]
```

3. 加（Adding）

序列连接操作，只有相同类型的序列才能进行连接操作，此操作实质上是创建了一个新序列并将原序列中的元素和新元素依次复制到新序列的内存空间中。

例 6.28　序列连接操作，代码如下:

```
s1=[1,2,4]
s2=[4,5,6]
s3=['9','10']
```

```
print(s1+s2)
print(s1+s3)
print(s1+'abcdefg')
```

程序运行后的结果如下：

```
[1, 2, 4, 4, 5, 6]
[1, 2, 4, '9', '10']
----------------------------------------------------------------
TypeError       Traceback (most recent call last)
<ipython-input-45-51bc7143762d> in <module>
      4 print(s1+s2)
      5 print(s1+s3)
----> 6 print(s1+'abcdefg')
TypeError: can only concatenate list (not "str") to list
```

s1、s2 和 s3 均为列表类型，s1 与同类型的 s2 和 s3 成功连接，但却与字符型常量'abcdefg'连接失败，抛出异常。

4. 乘（Multiplying）

序列重复操作，用序列乘数字，会产生新的序列。新的序列是原序列的重复。

例 6.29　序列重复操作，代码如下：

```
print('python'*2)
print([1,2,3,4,5]*2)
print(('a','b')*2)
```

程序运行后的结果如下：

```
pythonpython
[1, 2, 3, 4, 5, 1, 2, 3, 4, 5]
('a', 'b', 'a', 'b')
```

5. 成员资格

使用 in 运算符（布尔运算符）可以检查一个元素是否在序列中，然后返回布尔值 True 或 False。

例 6.30　成员资格，代码如下：

```
 print(2 in [2,3,4])
 print([2] in [2,3,4])
```

程序运行后的结果如下：

```
True
False
```

6. 内建函数

len()函数用于返回序列中的元素个数，max()、min()函数用于返回序列中的最大或最小元素。

例 6.31 内建函数，代码如下：

```
tuple_1=(45,58,23,71,19)
print(len(tuple_1))
print(max(tuple_1))
print(min(tuple_1))
```

程序运行后的结果如下：

```
5
71
19
```

7. 迭代（Iteration）

可以使用内建的zip()函数并行迭代，zip()函数可以将两个序列压缩在一起，返回一个元组的列表。

例 6.32 迭代，代码如下：

```
names=['one','two','three','four']
datas=[1,2,3,4]
for name,data in zip(names,datas):
        print(name,":",data)
```

程序运行后的结果如下：

```
one : 1
two : 2
three : 3
four : 4
```

6.3 列表类型及操作

列表是最常用的 Python 序列数据类型，是包含若干元素的有序连续内存空间。在形式上，列表的所有元素放在一对方括号[]中，相邻元素之间使用英文逗号分隔。

作为序列式的数据类型，6.2 节提到的序列数据结构的通用操作，例如切片、加法、乘法、成员遍历、迭代、赋值和深浅复制等，均适用于列表数据的操作。

6.3.1 列表的定义

1. 通过赋值创建列表

格式：列表变量名=[元素 1,元素 2,元素 3,…,元素 n-1,元素 n]

例 6.33 通过赋值创建列表，代码如下：

```
list1 = ['physics','chemistry', 1997, 2000]
list2 = [1, 2, 3, 4, 5 ]
list3 =bicycles = ['trek','cannondale', 'redline','specialized']
print(bicycles)
```

程序运行后的结果如下：

```
['trek', 'cannondale', 'redline', 'specialized']
```

列表的数据项不需要具有相同的类型。它可以同时包含整数、实数、字符串等基本类型的元素，也可以包含列表、元组、字典、集合、函数以及其他任意对象。

2. 使用 list()函数创建列表

格式：列表变量名=list(iterable)

iterable 为可迭代对象，它可以是列表、元组、字典、字符串、range 对象等。list()函数可以把元组、range 对象、字符串、字典、集合或其他可迭代对象转换为列表。

例 6.34 用 list()函数创建列表，代码如下：

```
x = list() # 创建空列表
print(list( (3,5,7,9,11) ))    # 将元组转换为列表
print(list( range(1, 10, 2)))   # 将 range 对象转换为列表
print(list( 'hello world' )) # 将字符串转换为列表
print(list( {3,7,5} )) # 将集合转换为列表
```

程序运行后的结果如下：

```
[3, 5, 7, 9, 11]
[1, 3, 5, 7, 9]
['h', 'e', 'l', 'l', 'o', ' ', 'w', 'o', 'r', 'l', 'd']
[3, 5, 7]
```

在将字典转换为列表时，默认是将字典的键转换为列表，而不是把字典的元素转换为列表。如果要把字典的元素转换为列表，则需要使用字典对象的 items()方法。

例 6.35 把字典的元素转换为列表，代码如下：

```
print(list(({'a':3, 'b':9, 'c':78} ))      # 将字典的"键"转换为列表
```

程序运行后的结果如下：

```
['a', 'c', 'b']
list( {'a':3, 'b':9, 'c':78}.items() )   # 将字典的"键:值"对转换为列表
```

程序运行后的结果如下：

```
[('b', 9), ('c', 78), ('a', 3)]
```

6.3.2 列表的操作函数

列表的操作函数如表 6.2 所示。

表 6.2 列表的操作函数表

序号	函数	说明
1	list.append(x)	将元素 x 添加至列表尾部
2	list.extend(L)	将列表 L 中的所有元素添加至列表尾部
3	list.insert(index,x)	在列表指定位置 index 处添加元素 x
4	list.remove(x)	在列表中删除首次出现的指定元素 x
5	list.pop([index])	删除并返回列表对象指定位置的元素，默认为最后一个元素
6	list.clear()	删除列表中的所有元素，保留列表对象，Python 2 中没有此函数
7	list.index(x)	返回值为 x 的首个元素的下标，若元素不存在则抛出异常
8	list.count(x)	返回指定元素 x 在列表中的出现次数
9	list.reverse()	对列表元素进行原地翻转
10	list.sort()	对列表元素进行原地排序

1. **列表元素的添加函数**：append()、extend()、insert()

以上 3 个函数均能向列表对象中添加元素，其中 append() 函数可实现向列表的尾部追加一个元素；extend() 函数用于将另一个列表中的所有元素追加到当前列表的尾部；insert() 函数能够在列表任意指定位置插入一个元素。上述 3 个函数进行的操作都属于原地操作，不影响列表对象在内存中的起始地址。

例 6.36 添加元素，代码如下：

```
x = [1, 3, 4]
print(id(x))  # 查看内存地址
x.append(55)  # 在尾部追加元素
print(x)
x.extend([5, 6, 8]) # 在尾部追加多个元素
print(x)
print(id(x)) # 列表在内存中的地址不变
```

程序运行后的结果如下：

```
2059908740744
[1, 3, 4, 55]
[1, 3, 4, 55, 5, 6, 8]
2059908740744
```

注意　extend() 与 append() 的区别。

例 6.37 添加元素，代码如下：

```
x = [1, 2, 3]
x.append([4, 5])
x
```

程序运行后的结果如下：

```
[1, 2, 3, [4, 5]]
```

例 6.38 添加元素，代码如下：

```
x = [1, 2, 3]
x.extend([4, 5])
x
```

程序运行后的结果如下：

```
[1, 2, 3, 4, 5]
```

使用 insert()函数可以在列表的任意位置插入元素，但由于列表的自动内存管理功能，使用 insert() 函数会涉及插入位置之后所有元素的移动，会影响该位置后面所有元素后的下标，从而影响处理速度。在列表中间位置插入或删除元素时，会影响该位置后面所有元素后的下标，因此要尽量避免在列表中间位置进行元素的插入和删除操作。

例 6.39 插入元素，代码如下：

```
x = [1, 2, 3]
x.insert(0,99)  # 在列表素引号 "0" 的位置插入 "99"
print(x)
print(id(x))
```

程序运行后的结果如下：

```
[99, 1, 2, 3]
2059908721544
```

运算符+和*也能实现在列表中增加元素的目的，但这两个运算符进行的不是原地操作，而是返回新列表。

例 6.40 增加元素，代码如下：

```
x = x + [4]
print(x)
print(id(x))
x = x*2
print(x)
print(id(x))
```

程序运行后的结果如下：

```
[99, 1, 2, 3, 4]
2447755706568
[99, 1, 2, 3, 4, 99, 1, 2, 3, 4]
2447755707080
```

2. 列表元素的删除函数：pop()、remove()、clear()、del

上述前 3 个函数用于删除列表中的元素，其中 pop()函数用于删除并返回指定位置（默认是最后一个）的元素；remove()函数用于删除列表中第一个值与指定值相等的元素；clear()函数用于清空列表。这 3 个函数进行的操作属于原地操作，执行后不影响列表对象的内存地址。另外，也可以使用 del 命令删除列表中指定位置的元素，这也属于原地操作。

例 6.41　删除元素，代码如下：

```python
x = [1, 2, 3, 4, 5, 6, 7]
print(x.pop())    # 默认删除最尾部元素，并打印所删除元素
print(x.pop(0))   # 删除索引号为 "0" 的元素
print(x.clear())
x = [1, 2, 3, 4, 5, 6, 7]
x.remove(2)   # 删除首个值为 2 的元素
print(x)
x = [1, 2, 3, 4, 5, 6, 7]
del x[4]  # 删除指定位置上的元素
print(x)
```

程序运行后的结果如下：

```
7
1
None
[1, 3, 4, 5, 6, 7]
[1, 2, 3, 4, 6, 7]
```

3. 列表元素的统计函数：count()、index()

count()函数用于返回列表中指定元素出现的次数；index()函数用于返回指定元素在列表中首次出现的位置，如果该元素不在列表中则抛出异常。除此之外，成员测试运算符 in 也可以用于测试列表中是否存在某个元素。

例 6.42　统计元素，代码如下：

```python
x = [3, 4, 1, 3, 2, 3,14, 3, 2,6,9]
print(x.count(3))    #显示元素 3 在列表 x 中出现的次数
print(x.index(6))    #显示元素 6 在列表 x 中首次出现的索引
print(9 in x)        # 显示元素 9 是否在列表 x 中
print(1 in x)
print(x.index(8))    # 列表中没有 8，抛出异常
```

程序运行后的结果如下：

```
4
9
True
True
--------------------------------------------------------------------
ValueError                     Traceback (most recent call last)
```

```
<ipython-input-1-e9f9609c2597> in <module>
    4 print(9 in x)    # 显示元素9是否在列表x中
    5 print(1 in x)
----> 6 print(x.index(8))    # 列表中没有8,抛出异常
ValueError: 8 is not in list
```

列表中没有8,抛出异常。

4. 列表元素的排序函数: sort()、sorted()、reverse()

sort()函数和 reverse()函数可以对列表进行原地排序和逆序排序,即用处理后的数据替换原来的数据,列表中元素原来的顺序丢失。如果不想丢失原来的顺序,可以使用 sorted()函数和 reversed()函数来排序。其中 sorted()函数返回新列表,sorted()函数默认进行升序排序,当参数 reverse=True 时可返回逆序排列的列表,这两个函数都不对原列表做任何修改。

例6.43 排列元素,代码如下:

```
x = [10, 1, 3, 2, 4, 5, 9, 7, 8, 9, 6]
x.sort() #列表的排序函数 sort()
print(x)
x = [10, 1, 3, 2, 4, 5, 9, 7, 8, 9, 6]
x.sort(reverse = True)
print(x)
x= [0, 1, 2, 3, 4, 5, 6, 7, 8, 9, 10]
x.reverse()  #列表的翻转函数 reverse()
print(x)
reversed(x)  #序列翻转函数 reversed()
print(x)
x= [0, 1, 2, 3, 4, 5, 6, 7, 8, 9, 10]
print(sorted(x,reverse=True))
print(x)
```

程序运行后的结果如下:

```
[1, 2, 3, 4, 5, 6, 7, 8, 9, 9, 10]
[10, 9, 9, 8, 7, 6, 5, 4, 3, 2, 1]
[10, 9, 8, 7, 6, 5, 4, 3, 2, 1, 0]
[10, 9, 8, 7, 6, 5, 4, 3, 2, 1, 0]
[10, 9, 8, 7, 6, 5, 4, 3, 2, 1, 0]
[0, 1, 2, 3, 4, 5, 6, 7, 8, 9, 10]
```

带有参数 key 的 sort()函数,可以指定待排序列表的某一索引元素来作为排序依据。

例6.44 排列元素,代码如下:

```
def func(i):
    return i[1]
a = [(2, 2), (3, 4), (4, 1), (1, 3)]
a.sort(key=func) # [(4, 1), (2, 2), (1, 3), (3, 4)]
print(a)
```

程序运行后的结果如下:

```
# [(4, 1), (2, 2), (1, 3), (3, 4)]
```

本例指定每一项的索引为 1 的元素作为排序依据。

6.3.3 列表的删除

del 不但可以用于删除列表中的元素，也可以删除列表。当一个列表不再使用时，可以使用 del 将其删除。使用 del 删除对象后，Python 会在恰当的时机调用垃圾回收机制来释放内存。在必要的时候也可以导入 Python 的 gc 标准库，使用其中的 gc.collect()函数立刻启动垃圾回收机制来释放内存。

例 6.45 删除列表，代码如下：

```
x=[1,2,3]
print(x)
del x
print(x)
```

程序运行后的结果如下：

```
[1, 2, 3]
--------------------------------------------------------------------------
NameError                           Traceback (most recent call last)
<ipython-input-3-a930ac620ffb> in <module>
     2 print(x)
     3 del x
----> 4 print(x)
NameError: name 'x' is not defined
```

6.4 元组类型及操作

6.4.1 元组概述

元组是 Python 的另一个重要的序列结构。元组可以理解为由常量元素组成的序列，其元素的值是不可改变的，其内部的元素可以是不同数据类型。

元组中的元素不需要是相同的类型。元组可以同时包含整数、实数、字符串等基本类型的元素，也可以包含列表、元组、字典、集合、函数以及其他任意对象。

元组与列表一样属于有序序列，6.2 节提到的序列数据结构的通用操作，例如切片、加法、乘法、成员遍历、迭代、赋值、与深浅复制等，同样适用于元组数据的操作。

元组与列表的区别如下。

（1）形式上，元组使用小括号而列表使用中括号。

（2）更为重要的区别是：元组中的元素不能被修改（因此元组又称为只读列表），元组中元素的值不能被修改、添加或删除；元组在内部实现上不允许修改其元素的值，从而使得代码更加安全，例如调用函数时使用元组传递参数可以防止在函数中修改元组，而使用列表则很难保证这一点。

（3）Python 的内部实现对元组做了大量优化，元组的访问速度比列表更快。如果定义了一系列常量值，主要用途仅是对它们进行遍历或其他类似操作，而不需要对其元素进行任何修改，那么一般建议使用元组而不用列表。

6.4.2 元组的创建

1. 通过赋值创建元组

例 6.46 创建元组，代码如下：

```
x = tuple()    # 创建空元组
print(x)
tuple1 =('physics', 'chemistry', 1997,2000)
print(tuple1)
tuple2 = (1, 2, 3, 4, 5 )
print(tuple2)
```

程序运行后的结果如下：

```
()
('physics', 'chemistry', 1997, 2000)
(1, 2, 3, 4, 5)
```

2. 使用 tuple()函数创建元组

tuple()函数可以把元组、range 对象、字符串、字典、集合或其他可迭代对象转换为元组。在将字典转换为元组时，默认是将字典的键转换为元组，而不是把字典的元素转换为元组。如果要把字典的元素转换为元组，需要使用字典对象的 items()方法。

例 6.47 创建元组，代码如下：

```
x1=tuple( (3,5,7,9,11) )
print(x1)
x2=tuple( range(1, 10, 2))   # 将 range 对象转换为元组
print(x2)
x3=tuple( 'hello world' )    # 将字符串转换为元组
print(x3)
x4=tuple( {3,7,5} )          # 将集合转换为元组
print(x4)
x5=tuple( {'a':3, 'b':9, 'c':78} ) # 将字典的"键"转换为元组
print(x5)
x6=tuple( {'a':3, 'b':9, 'c':78}.items() ) # 将字典的"键:值"对转换为元组
print(x6)
```

程序运行后的结果如下：

```
(3, 5, 7, 9, 11)
(1, 3, 5, 7, 9)
('h', 'e', 'l', 'l', 'o', ' ', 'w', 'o', 'r', 'l', 'd')
(3, 5, 7)
('a', 'b', 'c')
(('a', 3), ('b', 9), ('c', 78))
```

6.4.3 元组的操作函数

元组属于不可变（Immutable）序列，不可以直接修改元组中元素的值，也无法直接为元组增加或删除元素。元组没有提供 append()、extend() 和 insert() 等方法，所以无法直接向元组中添加元素，但可以通过连接多个元组的方式向元组中添加新元素。同样，元组没有提供 remove() 和 pop() 方法，也不支持对元组元素进行 del 操作，因此不能从元组中删除元素，只能使用 del 命令删除整个元组。

例 6.48　添加元素，代码如下：

```
a_tuple = ('crazyit', 20, -1.2)
print(a_tuple)
#连接多个元组
a_tuple = a_tuple + ('c.biancheng.net',)
print(a_tuple)
```

程序运行后的结果如下：

```
('crazyit', 20, -1.2)
('crazyit', 20, -1.2, 'c.biancheng.net')
```

需要注意的是，在使用此方式时，元组连接的内容必须都是元组，不能将元组和字符串或列表进行连接，否则会抛出 TypeError 错误。

6.4.4 元组的删除

元组中的元素值是不允许删除的，但可以使用 del 命令来删除整个元组。

例 6.49　删除元组，代码如下：

```
tup = ('Google', 'Yahoo', 'Microsoft', 2020)
print ('删除前的元组: ')
print(tup)
del tup;
print ('删除后的元组: ')
print(tup)
```

以上实例元组被删除后，输出变量会有异常信息，程序运行后的结果如下：

```
删除前的元组:
('Google', 'Yahoo', 'Microsoft', 2020)
删除后的元组:
-------------------------------------------------------------------------
NameError Traceback (most recent call last)
<ipython-input-32-6ebdc9a4ef38> in <module>
     4 del tup;
     5 print ('删除后的元组: ')
----> 6 print(tup)
NameError: name 'tup' is not defined
```

元组变量 tup 被执行 del 删除之后，将释放内存资源，变量被销毁回收，此时再读取该变量，解释器将抛出异常。

del 命令不但可以用于删除列表对象，也可以用于删除元组对象。

例 6.50 删除元组对象，代码如下：

```
x=(1,2,3)
print(x)
```

程序运行后的结果如下：

```
(1,2,3)
```

继续代码如下：

```
del x
print(x)
```

程序运行后的结果如下：

```
NameError: name 'x' is not defined
```

6.5 字典类型及操作

6.5.1 字典概述

字典是一种存放具有映射关系的数据结构。这种结构相当于保存了两组数据，其中一组数据是关键数据，被称为 key；另一组数据可通过 key 来访问，被称为 value。

字典是一种可变容器模型，且可存储任意类型对象，具有极快的查找速度。

字典的基本格式如下。

（1）字典的每个键值对（key:value）中，key 与 value 之间用英文冒号分隔；每个键值对之间用英文逗号分隔；整个字典包括在花括号中。其格式如下所示：

d = {key1 : value1, key2 : value2 }

（2）字典的键（key）必须不可变（如字符串、数字、元组），值（value）可以为任意数据类型。

```
d1 = {'Alice': '2341', 9102: 'Bibi', (11,22): '3258'}    #正确
d2 = {('Alice',123): '2341', True: '9102', {'abc': '123', 'efg': '456'}}    #错误! 因为
列表、布尔值、字典都是可变的，不能作为键（key）
```

（3）字典是无序的，每次输出，其顺序都可能发生改变。

例 6.51 字典输出，代码如下：

```
d3 = {'Alice': '2341', 9102: 'Bibi', (11,22): '3258'}
print(d3)
```

程序运行后的结果如下：

```
# 输出结果可能是这样
{'Alice': '2341', 9102: 'Bibi', (11, 22): '3258'}
# 也有可能是这样
{(11, 22): '3258', 'Alice': '2341', 9102: 'Bibi'}
```

6.5.2 字典的创建

（1）使用赋值运算符=可以将一个字典常量赋值给一个变量，从而创建一个字典变量。字典常量以花括号界定，花括号中应包含多个键值对（key:value）。key 与 value 之间用英文冒号隔开；多个键值对之间用英文逗号隔开。

  aDict = {'server': 'db', 'database': 'mysql'}

（2）可以使用内置类 dict 以不同形式创建字典。

  例 6.52　创建字典，代码如下：

```
x = dict() # 空字典
type(x)    # 查看对象类型
```

程序运行后的结果如下：

```
<class 'dict'>
```

代码继续：

```
keys = ('a','b', 'c', 'd')
values = (1, 2, 3, 4)
# 根据已有数据创建字典
dictionary = dict( zip(keys, values) )
scores = {'语文':89, '数学': 92, '英语': 93}  #key 是字符串, value 是整数
x = {}     # 空字典
print(x)
# 空的花括号代表空的字典
print(empty_dict)
# 使用元组作为字典的键
dict2 = {(20, 30):'good', 30:'bad'} #字典中第一个键是元组，第二个键是整数值
print(dict2)
```

程序运行后的结果如下：

```
{'语文': 89, '数学': 92, '英语': 93}
{}
{(20, 30): 'good', 30: 'bad'}
```

需要指出的是：元组可以作为字典的键，但列表不能作为元组的键。这是由于字典要求键必须是不可变类型，但列表是可变类型，因此列表不能作为元组的键。

在使用 dict()函数创建字典时，可以传入多个列表或元组参数作为键值对，每个列表或元组将被当成一个键值对，因此这些列表或元组都只能包含两个元素。

例 6.53　创建字典，代码如下：

```
vegetables = (('celery', 1.58), ('brocoli', 1.29), ('lettuce', 2.19))
# 创建包含 3 组键值对的字典
dict3 = dict(vegetables)
print(dict3)
```

程序运行后的结果如下：

```
{'celery': 1.58, 'brocoli': 1.29, 'lettuce': 2.19}
```

代码继续：

```
cars = (('BMW', 8.5), ('BENS', 8.3), ('AUDI', 7.9))
# 创建包含 3 组键值对的字典
dict4 = dict(cars)
print(dict4)
```

程序运行后的结果如下：

```
{'BMW': 8.5, 'BENS': 8.3, 'AUDI': 7.9}
```

如果不为 dict() 函数传入任何参数，则代表创建一个空的字典。

例 6.54　创建空的字典，代码如下：

```
# 创建空的字典
dict5 = dict()
print(dict5)
```

程序运行后的结果如下：

```
{}
```

还可通过指定关键字 "dict" 参数创建字典，此时字典的键不允许使用表达式。

代码继续：

```
# 使用关键字参数来创建字典
dict6 = dict(spinach = 1.39, cabbage = 2.59)
print(dict6)
```

程序运行后的结果如下：

```
{'spinach': 1.39, 'cabbage': 2.59}
```

6.5.3 字典的访问

序列类型可以通过其索引访问元素，而字典中的每个元素表示一种映射关系或对应关系，根据提供的键作为下标就可以访问对应的值。字典元素的访问方式主要有以下两种。

（1）通过键访问对应的值。格式如下：

字典变量名['键']

列表通过其索引访问元素，字典则通过键访问对应的值，形式类似列表那样用方括号，只不过用键替代了索引。

例 6.55 访问字典，代码如下：

```
Dict={'age':55,'name':'Long','sex':'male'}
Dict['name']  #指定的键存在，返回对应的值
```

程序运行后的结果如下：

```
'Long'
```

代码继续：

```
Dict['age']=22       #修改元素值
Dict['address']="Fuzhou"  #添加新元素
```

（2）按键 key 访问，推荐 get() 方法。格式如下：

dict.get(key,default=None)

参数如下：

dict：字典变量。

key：字典中要查找的键。

default：如果指定键的值不存在，则返回该默认值。

如果访问字典中不存在的键，则程序将会抛出异常。

例 6.56 访问不存在的键，代码如下：

```
Dict={'age':39,'name':'Dong','sex':'male'}
print(Dict['age'])  #如果指定的"键"存在，则返回对应的值
print(Dict.get('sex'))  #返回指定键"sex"所对应的值
print(Dict['ID'])  #指定键"ID"并不存在，因此将抛出异常
```

程序运行后的结果如下：

```
39
male
Traceback (most recent call last):

   File "C:\教材\第6章\例6-56.py",line 4,in <module>
     print(Dict['ID'])#指定键"ID"并不存在，因此将抛出异常

KeyError: 'ID'
```

KeyError: 'ID'这是因为字典 Dict 中不存在名为'ID'的键。

6.5.4 字典的操作函数

可以使用 dir(dict) 来查看字典的内置函数。在交互式解释器中输入 dir(dict)指令。
例如：

dir(dict)

('clear', 'copy', 'fromkeys', 'get', 'items', 'keys', 'pop', 'popitem', 'setdefault', 'update', 'values')

部分函数用法如下。

（1）update()可以将一个字典中的值更新到另一个字典中。

语法：dict.update(dict2)。

参数：dict2，添加到指定字典 dict 里的字典。

例 6.57 将一个字典中的值更新到另一个字典中，代码如下：

```
dict={'Name':'alex','Age':21}
dict2={'Sex':'female'}
dict.update(dict2)
print("Value is %s" % dict)
```

程序运行后的结果如下：

```
Value is {'Name': 'alex', 'Age': 21, 'Sex': 'female'}
```

（2）keys()函数能够以列表形式返回一个字典中的所有的键。

语法：dict.keys()。

例 6.58 以列表形式返回一个字典中的所有的键，代码如下：

```
dict={'Name':'alex','Age':21}
   print(dict.keys())
```

程序运行后的结果如下：

```
dict_keys(['Name', 'Age'])
```

（3）values()函数能够以列表形式返回字典中的所有的值。

语法：dict.values()

例 6.59 以列表形式返回字典中的所有的值，代码如下：

```
dict={'Name':'alex','Age':21}
print(dict.values())
```

程序运行后的结果如下：

```
dict_values(['alex', 21])
```

（4）items()函数能够以列表形式返回可遍历的（key,value）元组数组。

语法：dict.items()。

例 6.60　以列表形式返回可遍历的元组数组，代码如下：

```
dict={'Name':'alex','Age':21}
print(dict.items())
```

程序运行后的结果如下：

```
dict_items([('Name', 'alex'), ('Age', 21)])
```

（5）fromkeys() 函数用于创建一个新字典，用序列 seq 中的元素作为字典的键、value 作为字典对应键的初始值。

语法：dict.fromkeys(seq[, values])。

参数如下。

seq：字典键值列表。

value：可选参数，设置键序列（seq）的值。

例 6.61　创建一个新字典，代码如下：

```
seq = ('Google', 'Microsoft', 'Apple')
dict = dict.fromkeys(seq) #缺省 values 参数
print ("初始化新字典1: %s" % str(dict))
dict = dict.fromkeys(seq, 100)
print ("初始化新字典2: %s" % str(dict))
```

程序运行后的结果如下：

```
初始化新字典1: {'Google': None, 'Microsoft': None, 'Apple': None}
初始化新字典2: {'Google': 100, 'Microsoft': 100, 'Apple': 100}
```

6.5.5　字典的删除

del 命令同样可以用于删除字典对象。

例 6.62　删除字典对象，代码如下：

```
dict={'Google': None, 'Runoob': None, 'Taobao': None}
print(dict)
```

程序运行后的结果如下：

```
{'Google': None, 'Runoob': None, 'Taobao': None}
```

代码继续如下：

```
del dict
print(dict)
```

程序运行后的结果如下：

```
<class 'dict'>
```

6.6 实例解析

1. 案例 6-1

有如下列表，请按照要求实现下面每一个功能。

ls_1 = [1,3,5,3,6,8,9,6,8,1]

ls_2 = [2,5,4,6,8,9]

（1）将列表 ls_1 与 ls_2 去掉重复值后，得到集合 set_1 与 set_2。

（2）求集合 set_1 与 set_2 的交集。

（3）求集合 set_1 与 set_2 的并集。

（4）求集合 set_1 与 set_2 的差集。

（5）求集合 set_1 与 set_2 的对称差。

代码如下：

```
ls_1 = [1,3,5,3,6,8,9,6,8,1]
ls_2 = [2,5,4,6,8,9]
set_1 = set(ls_1)   #通过列表创建集合 set_1，去重
set_2 = set(ls_2)   #通过列表创建集合 set_2，去重
print(set_1.intersection(set_2))   #两个集合的交集，或输入指令 print(set_1 & set_2)
```

程序运行后的结果如下：

```
{8, 9, 5, 6}
```

```
print(set_1.union(set_2))
```

程序运行后的结果如下：

```
{1, 2, 3, 4, 5, 6, 8, 9}
```

```
set_1.difference(set_2)
```

程序运行后的结果如下：

```
{1,3}
```

```
set_2.difference(set_1)
```

程序运行后的结果如下：

```
{2, 4}
```

```
set_1.symmetric_difference(set_2)
```

程序运行后的结果如下:

```
{1,2,3,4}
```

2. 案例 6-2

有如下列表, 请按照要求实现下面每一个功能。

li=['alex','eric','rain']

(1) 计算列表长度并输出。

(2) 在列表中追加元素 seven, 并输出添加后的列表。

(3) 在列表的第 1 个位置插入元素 tony, 并输出添加后的列表。

(4) 修改列表第 2 个位置的元素为 kelly, 并输出修改后的列表。

(5) 删除列表中的元素 eric, 并输出删除后的列表。

(6) 删除列表中的第 2 个元素, 并输出删除的元素的值和删除元素后的列表。

(7) 删除列表的第 2~4 个元素, 并输出删除元素后的列表。

(8) 将列表所有的元素反转, 并输出反转后的列表。

(9) 用 for、len()、range()输出列表的索引。

(10) 使用 enumrate()输出列表元素和序号(序号从 100 开始)。

(11) 使用 for 循环输出列表中的所有元素。

代码如下:

```
li=['alex','eric','rain']
#(1)计算列表长度并输出
print(len(li))
#(2)在列表中追加元素 seven, 并输出添加后的列表
li.append('seven')
print(li)
#(3)在列表的第 1 个位置插入元素 tony, 并输出添加后的列表
li.insert(0,'tony')
print(li)
#(4)修改列表第 2 个位置的元素为 kelly, 并输出修改后的列表
li[1]='kelly'
print(li)
#(5)删除列表中的元素 eric, 并输出删除后的列表
li.remove('eric')
print(li)
#(6)删除列表中的第 2 个元素, 并输出删除的元素的值和删除元素后的列表
b=li.pop(1)
print(b)
print(li)
#(7)删除列表中的第 2~4 个元素, 并输出删除元素后的列表
del li[1:4]
```

```
print(li)
#（8）将列表所有的元素反转，并输出反转后的列表
e=li.reverse()
print(li)
#（9）使用 for 循环、len()函数和 range()函数输出列表的索引号
for i in range(len(li)):
    print(i)
#（10）使用 enumrate()输出列表元素和序号（序号从 100 开始）
for index in enumerate(li):
    print(index)
for index,i in enumerate(li,100):
    print(index,i)
#（11）使用 for 循环输出列表中的所有元素
for i in li:
    print(i)
```

3. 案例 6-3

有如下元组，请按照要求实现下面每一个功能。

tu=('alex','eric','rain')

（1）计算元组的长度并输出。

（2）获取元组的第 2 个元素并输出。

（3）获取元组的第 1、2 个元素并输出。

（4）用 for 输出元组的元素。

（5）使用 for 循环、len()函数和 range()函数输出元组的索引号。

（6）使用 enumerate()输出元组元素和序号（从 10 开始）。

代码如下：

```
tu=('alex','eric','rain')
#（1）计算元组的长度并输出
print(len(tu))
#（2）获取元组的第 2 个元素并输出
print(tu[1])
#（3）获取元组的第 1、2 个元素并输出
print(tu[0:2])
#（4）用 for 输出元组的元素
for i in tu:
    print(i)
#（5）使用 for、len()、range()输出元组的索引号
for i in range(len(tu)):
    print(i)
#（6）使用 enumerate()输出元组元素和序号（从 10 开始）
for index,i in enumerate(tu,10):
    print(index,i)
```

4. 案例 6-4

有如下字典，请按照功能要求实现每一个功能。

dic={'k1':"v1","k2":"v2","k3":[11,22,33]}

（1）循环输出所有的键。

（2）循环输出所有的值。

（3）循环输出所有的键和值。

（4）在字典中添加一个键值对"k4":"v4"，输出添加后的字典。

（5）修改字典中 k1 对应的值为 alex，输出修改后的字典。

（6）在 k3 对应的值中追加一个元素 44，输出修改后的字典。

（7）在 k3 对应的值的第一个位置插入元素 18，输出修改后的字典。

代码如下：

```python
dic={'k1':"v1","k2":"v2","k3":[11,22,33]}
#（1）循环输出所有的键
for i in dic:
    print(i)
for i in dic.keys():
    print(i)
#（2）循环输出所有的值
for i in dic.values():
    print(i)
#（3）循环输出所有的键和值
for i,j in dic.items():
    print(i,j)
#（4）在字典中添加一个键值对"k4":"v4"，输出添加后的字典
dic2={'k4':'v4'}
dic.update(dic2)
print(dic)
dic['k4']='v4'
print(dic)
#（5）在修改字典中 k1 对应的值为 alex，输出修改后的字典
dic['k1']='alex'
print(dic)
#（6）在 k3 对应的值中追加一个元素 44，输出修改后的字典
dic['k3'].append(44)
print(dic)
#（7）在 k3 对应的值的第一个位置插入元素 18，输出修改后的字典
dic['k3'].insert(0,18)
print(dic)
```

6.7 本章小结

本章主要讲述了 Python 的组合数据类型，包括集合、列表、元组以及字典。集合类型分为可变与不可变两种类型。集合元素没有索引且无次序、不可重复，因此可作为一种简单高效的元素去重方式。本章重点提到了序列数据类型，包括列表、元组和字符。所有序列都支持迭代，序列索引为非负整数的有序对象集合。列表与元组均为容器类序列，可由一组任意类型的值按照一定顺序组合而成。列表为可变序列，而元组和字符为不可变序列。序列的通用操作（索引、切片、加、乘、迭

代等）为本章重难点。字典为 Python 映射数据类型，所有字典成员均以键值对形式组织数据，键必须是唯一且不可变、可哈希的数据，但值可以是任意类型。

6.8　习题

1. 选择题

（1）关于 Python 组合数据类型，以下描述错误的是_____。

　　A. 组合数据类型可以分为 3 类：序列类型、集合类型和映射类型

　　B. 序列类型是二维元素向量，元素之间存在先后关系，通过序号访问

　　C. Python 的 str、tuple 和 list 类型都属于序列类型

　　D. Python 组合数据类型能够将多个同类型或不同类型的数据组织起来，通过单一的表示使数据操作更有序、更容易

（2）关于 Python 序列类型的通用操作符和函数，以下描述错误的是_____。

　　A. 如果 x 不是 s 中的元素，x not in s 返回 True

　　B. 如果 s 是一个序列，s=[1,"kate",True]，s[3]返回 True

　　C. 如果 s 是一个序列，s=[1,"kate",True]，s[- 1]返回 True

　　D. 如果 x 是 s 中的元素，x in s 返回 True

（3）给出如下代码。

```
DictColor={"seashell":"海贝色","gold":"金色","pink":"粉红色","brown":"棕色","purple":"紫色","tomato":"西红柿色"}
```

以下选项能输出"海贝色"的是_____。

　　A. print(DictColor.keys())

　　B. print(DictColor["海贝色"])

　　C. print(DictColor.values())

　　D. print(DictColor["seashell"])

（4）下面代码的输出结果是_____。

```
s=["seashell","gold","pink","brown","purple","tomato"]
print(s[1:4:2])
```

　　A. ['gold','pink','brown']

　　B. ['gold','pink']

　　C. ['gold','pink','brown','purple','tomato']

　　D. ['gold','brown']

（5）下面代码的输出结果是_____。

```
d={"大海":"蓝色","天空":"灰色","大地":"黑色"}
print(d["大地"],d.get("大地","黄色"))
```

  A. 黑色灰色

  B. 黑色黑色

  C. 黑色蓝色

  D. 黑色黄色

（6）下面代码的输出结果是_____。

```
a=[[1,2,3],[4,5,6],[7,8,9]]
s=0
for c in a:
    for j in range(3):
    s+=c[j]
print(s)
```

A.0

B. 45

C. 24

D. 以上答案都不对

2. 编程题

（1）有一家自助式餐馆，只提供 5 种简单的食品。请想出 5 种简单的食品，并将其存储在一个元组中。

① 使用一个 for 循环输出该餐馆提供的 5 种食品。

② 尝试修改其中的一个元素，核实 Python 是否会拒绝修改元组中的元素。

③ 餐馆调整了菜单，替换了它提供的其中两种食品。请编写一个代码块给元组变量赋值。

④ 使用一个 for 循环输出新元组中的每一个元素。

（2）通过给 range()函数指定第 3 个参数来创建一个列表，其中包含 1~20 内的奇数，再使用一个 for 循环输出这些数字。

（3）选择你在本章编写的一个程序，在末尾添加几行代码，完成如下任务。

① 输出消息 "Thefirstthreeitemsinthelistare:"，再使用切片来输出列表的前 3 个元素。

② 输出消息 "Threeitemsfromthemiddleofthelistare:"，再使用切片来输出列表中间的 3 个元素。

③ 输出消息 "Thelastthreeitemsinthelistare:"，再使用切片来输出列表末尾的 3 个元素。

（4）使用一个字典来存储一些人喜欢的数字。请想出 5 个人的名字，并将这些名字用作字典中的键；想出每个人喜欢的一个数字，并将这些数字作为值存储在字典中。输出每个人的名字和喜欢的数字。为让这个程序更有趣，可以通过询问朋友来确保数据是真实的。

（5）修改上面已编写的程序，让每个人都可以有多个喜欢的数字，然后输出每个人的名字及其喜欢的数字。

第 7 章　文件操作和数据格式化

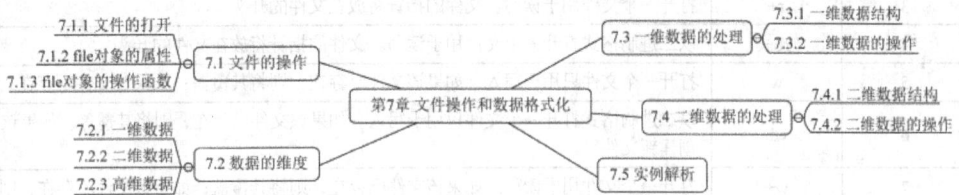

本章重点是掌握文件的操作、数据的维度、一维数据的处理，以及二维数据的处理等。

难点是文件的操作和二维数据的处理。

7.1　文件的操作

7.1.1　文件的打开

Python 提供了一个内置的 open() 函数，该函数用于打开指定文件。语法格式如下：

file object = open(file_name [,mode][, buffering])

file_name：是一个包含了你要访问的文件名的字符串值，open()函数可以打开文本文件或二进制文件。

mode 决定了打开文件的模式，如只读、写入、追加等。这个参数是非强制的，默认文件访问模式为 r（只读）；w 表示写入；w+表示如果目录中不存 file_name 命名的文件，它将创建该文件；b 表示二进制；a 表示追加。参数各个取值的意义描述如表 7.1 所示。

如果 buffering 的值被设为 0，就不会有寄存；如果 buffering 的值取 1，访问文件时会寄存行；如果将 buffering 的值设为大于 1 的整数，表明该整数就是寄存区的缓冲大小；如果 buffering 取负值，寄存区的缓冲大小则为系统默认的值。

例 7.1 打开文件，代码如下：

```
F1 = open('a.txt','r')       #以只读方式打开文件 a.txt
F2 = open('a.txt','w')       #以写入方式打开文件 a.txt
F3 = open('a.txt','rb')      #以只读方式与二进制格式打开 a.txt
F4 = open('a.txt','a+')      #以追加方式打开文件 a.txt
```

表 7.1   Open()函数的模式参数

序号	模式	描 述
1	r	以只读方式打开文件。文件的指针将放在文件的开头。这是默认模式
2	rb	以二进制格式打开一个文件用于只读。文件的指针将放在文件的开头。这是默认模式
3	r+	打开一个文件用于读写。文件的指针将放在文件的开头
4	rb+	以二进制格式打开一个文件用于读写。文件的指针将放在文件的开头
5	w	打开一个文件只用于写入。如果该文件已存在，则将其覆盖；如果该文件不存在，则创建新文件
6	wb	以二进制格式打开一个文件只用于写入。如果该文件已存在，则将其覆盖；如果该文件不存在，则创建新文件
7	w+	打开一个文件用于读写。如果该文件已存在，则将其覆盖；如果该文件不存在，则创建新文件
8	wb+	以二进制格式打开一个文件用于读写。如果该文件已存在，则将其覆盖；如果该文件不存在，则创建新文件
9	a	打开一个文件用于追加。如果该文件已存在，文件的指针将放在文件的结尾。也就是说，新的内容将会被写入已有的内容之后。如果该文件不存在，则创建新文件进行写入
10	ab	以二进制格式打开一个文件用于追加。如果该文件已存在，文件的指针将放在文件的结尾。也就是说，新的内容将会被写入已有的内容之后。如果该文件不存在，则创建新文件进行写入
11	a+	打开一个文件用于读写。如果该文件已存在，文件的指针将放在文件的结尾，文件打开时会是追加模式；如果该文件不存在，则创建新文件用于读写
12	ab+	以二进制格式打开一个文件用于追加。如果该文件已存在，文件的指针将放在文件的结尾；如果该文件不存在，则创建新文件用于读写

7.1.2 file 对象的属性

执行 open()函数之后，将返回一个 file 对象，该文件对象的属性保存着该文件的各种信息。file 对象的属性如表 7.2 所示。

表 7.2   file 对象的属性

属性	描述
file.closed	如果文件已被关闭则返回 True，否则返回 False
file.mode	返回被打开文件的访问模式
file.name	返回文件的名称

例 7.2 file 对象的属性，代码如下：

```
F1 = open("a.txt", "wb")
print("对象类型: ",type(F1))
print("文件名: ", F1.name)
print("是否已关闭 : ", F1.closed)
print("访问模式 : ", F1.mode)
```

程序运行后的结果如下：

```
对象类型： <class '_io.BufferedWriter'>
文件名： E:\a.txt
是否已关闭 ： False
访问模式 ： wb
```

7.1.3 file 对象的操作函数

Python 提供了一系列关于 file 对象的内置操作函数，如表 7.3 所示。

表 7.3 　　　　　　　　　　　　　file 对象的操作函数

序号	函数	描述
1	file.close()	关闭文件。关闭后，文件不能再进行读写操作
2	file.flush()	刷新文件内部缓冲，直接把内部缓冲区的数据立刻写入文件，而不是被动地等待输出缓冲区写入
3	file.fileno()	返回一个整型的文件描述符（File Descriptor，FD 整型），可以用在如 os 模块的 read()方法等一些底层操作上
4	file.isatty()	如果文件连接到一个终端设备则返回 True，否则返回 False
5	file.next()	返回文件下一行
6	file.read([size])	从文件读取指定的字节数，如果未给定或为负则读取所有字节
7	file.readline([size])	读取整行，包括\n 字符
8	file.readlines([sizeint])	读取所有行并返回列表，若给定 sizeint>0，则表示设置一次读多少字节，这是为了减轻读取压力
9	file.seek(offset[, whence])	设置文件当前位置
10	file.tell()	返回文件当前位置
11	file.truncate([size])	截取文件，截取的字节通过 size 指定，默认为当前文件位置
12	file.write(str)	将字符串写入文件，返回的是写入的字符串的长度
13	file.writelines(sequence)	向文件写入一个序列字符串列表，如果需要换行则需要手动添加每行的换行符

1. close()函数

file 对象的 close()函数用于刷新缓冲区里任何还没写入的信息，并关闭该文件，这之后便不能再进行写入。当一个文件对象的引用被重新指定给另一个文件时，Python 会关闭之前的文件。用 close()函数关闭文件是一个很好的习惯。

语法：

fileObject.close()

在工作目录下，文本文件 a.txt 的内容如图 7.1 所示。

例 7.3　关闭文件，代码如下：

图 7.1　a.txt 文件的内容

```
#打开一个文件
F2 = open("a.txt", "wb")
#关闭打开的文件
F2.close()
```

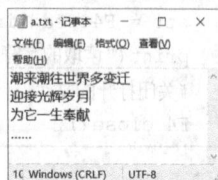

2. read()函数

read()函数用于从一个打开的文件中读取一个字符串。需要重点注意的是：Python 字符串也可以是二进制数据，而不仅仅是文字。

语法：

fileObject.read([count])

此处被传递的参数是要从已打开文件中读取的字节计数。该方法从文件的开头开始读入，如果没有传入 count，它会尝试尽可能多地读取内容，甚至直到文件的末尾。

例 7.4 读取字符串，代码如下：

```
#打开一个文件。这里我们会用到上面创建的 a.txt 文件
F3= open("a.txt", "r+",encoding='utf-8')  #要求解释器按照 UTF-8 编码的方式来读取文件
str = F3.read()
print("读取的字符串是 :\n ", str)
#关闭打开的文件
F3.close()
```

程序运行后的结果如下：

```
读取的字符串是 :
潮来潮往世界多变迁
迎接光辉岁月
为它一生奉献
……
```

3. readline()函数

readline() 会从文件中读取单独的一行。readline()如果返回了一个空字符串，说明已经读取到最后一行。

例 7.5 读取一行，代码如下：

```
#打开一个文件
F4= open("a.txt", "r",encoding='utf-8')
str = F4.readline()
print("读取的字符串是 : ", str)
#关闭打开的文件
F4.close()
```

程序运行后的结果如下：

```
读取的字符串是:
潮来潮往世界多变迁
```

4. readlines()函数

readlines()将以列表的形式返回该文件中包含的所有行，列表中的一项表示文件的一行。如果设置了可选参数 sizehint，则可以读取指定长度的字节，并且将这些字节按行分割。

例 7.6　以列表形式返回文件中的所有行，代码如下：

```
#打开一个文件
F5 = open("a.txt", "r",encoding='utf-8')
str = F5.readlines()
print("读取的字符串是 : ", str)
#关闭打开的文件
F5.close()
```

程序运行后的结果如下：

```
读取的字符串是 :
['潮来潮往世界多变迁\n', ' 迎接光辉岁月 \n', '为它一生奉献\n', '……']
```

另一种方式是迭代一个文件对象然后读取每行。

例 7.7　迭代一个文件对象然后读取每行，代码如下：

```
#打开一个文件
F6= open("a.txt", "r",encoding='utf-8')
for line in F6:
    print(line, end='')
#关闭打开的文件
F6.close()
```

程序运行后的结果如下：

```
潮来潮往世界多变迁
迎接光辉岁月
为它一生奉献
……
```

5. write()函数

write()函数可将任何字符串写入一个打开的文件。需要重点注意的是：Python 字符串可以是二进制数据，而不仅仅是文字。write()方法不会在字符串的结尾添加换行符。

语法：

fileObject.write(string)

此处被传递的参数是要被写入已打开文件的内容。

例 7.8　写入，代码如下：

```
#打开一个文件
F7= open("a1.txt", "w+",encoding='utf-8')
F7.write("可以 , 你做得很好! \n 6666\n")
#关闭打开的文件
F7.close()
```

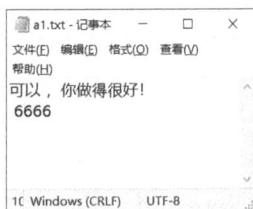

图 7.2 a1.txt 文件的内容

上述程序会创建 a1.txt 文件，并将收到的内容写入该文件，最终关闭文件。打开 a1.txt 文件，内容如图 7.2 所示。

6. remove()函数

可以使用 os.remove()函数删除文件，使用时需要提供要删除的文件名作为参数。

语法：

os.remove(file_name)

例 7.9 删除一个已经存在的文件 a1.txt，代码如下：

```
import os
#删除一个已经存在的文件 a1.txt。
os.remove("a1.txt")
```

7.2 数据的维度

在社会生产和自然界的各个领域，无时无刻不在产生着数据。在各种因素的作用下，这些数据往往看起来杂乱无章。为了利用与开发这些数据，我们需要从不同的维度对数据进行组织与刻画，从而更好地描述数据之间的关系与逻辑。在计算机世界中，数据的组织过程即为格式化过程。

按照数据之间的关系，可以将数据分为：一维数据、二维数据和高维数据。

7.2.1 一维数据

一维数据的数据成员平等，相互之间不存在包含或者从属关系，这类数据通常采用直线方式加以组织。例如，第 6 章提到的列表、元组、字符串、集合等数据结构均可用于表示一维数据。

例 7.10 一维数据，代码如下：

```
#如果数据间有序，可以使用序列类型
ls1 = [8,7,2]
tu1 =("医生","工人","农民","公务员")
#如果数据间无序，可以使用集合类型
set1 ={ 1,2,3,4,5}
```

7.2.2 二维数据

二维数据由具有关联关系的数据构成。二维表格、数学中的矩阵均为二维数据的常见组织形式。Python 数据分析中常用嵌套列表、Numpy 二维数组等结构作为二维数据的组织形式。

例如某企业 2018 年财务报表的部分摘录如表 7.4 所示，表格横向包括"标准财务比率""企业财务比率"两种度量指标；表格纵向有"流动比率""速动比率""资产负债率"等 7 个项目，这样的横纵项目交叉构成了二维数据关系。

表 7.4　　　　　　　　　　　　　　某企业 2018 年财务报表部分摘录

比率 项目	标准财务比率（%）	企业财务比率（%）
流动比率	2.58	2.01
速动比率	1.75	0.68
资产负债率	48.00	28.26
应收账款周转率	8.58	15.67
总资产周转率	1.43	0.92
营业利润率	25.00	22.17
净资产收益率	18.00	15.27

7.2.3　高维数据

随着大数据时代的到来，互联网及社会各个领域源源不断地产生海量数据，如证券市场交易数据、电子商务数据、社交媒体数据、多媒体数据、卫星遥感数据等。这些数据往往特征复杂、形式多样，因此需要用更复杂的数据结构，更多更高维度地描述数据特征。我们将这类数据统称为高维数据。

高维数据关系复杂，可采用多层嵌套低维度率数据结构的组织形式来表示。高维数据在 Web 系统中十分常见，HTML、XML、JSON 是高维数据常见的组织结构。Python 常用嵌套列表、Numpy、Pandas 等来处理高维数据。

例 7.11　高维数据，代码如下：

```
#通过 Numpy 生成 3*3*3 的三维数组
import numpy as np
a = np.random.random((3,3,3))
print (a)
```

程序运行后的结果如下：

```
[[[0.16571019 0.66289223 0.37893545]
  [0.65263008 0.91617271 0.83703027]
  [0.28434379 0.90433088 0.63581139]]

 [[0.47883355 0.71361411 0.25410611]
  [0.91955988 0.83135273 0.25149006]
  [0.5728442  0.69760261 0.43835766]]

 [[0.86725236 0.46446743 0.22128766]
  [0.40773461 0.21324596 0.13076932]
  [0.70915192 0.96971626 0.30923854]]]
```

7.3　一维数据的处理

7.3.1　一维数据结构

7.2 节提到了一维数据的文件多种组织形式，一维数据同样也有多种文件存储格式，为了明确数据边界，可以采用特殊字符对数据进行分隔。通常包括以下 5 种方法。

1. 空格符分隔法

例如：

亚洲　欧洲　美洲　大洋洲

2. 逗号分隔法

例如：

亚洲，欧洲，美洲，大洋洲

3. 换行符分隔法

例如：

亚洲

欧洲

美洲

大洋洲

4. 制表符分隔法

例如：

亚洲　欧洲　美洲　大洋洲

5. 分号分隔法

例如：

亚洲；欧洲；美洲；大洋洲

在上述 5 种方法中，逗号分隔法的通常使用 CSV（Comma-Separated- Values，逗号分隔值）作为文件存储格式。CSV 是一种通用的、相对简单的文件格式，在商业和科学上应用广泛。CSV 以纯文本形式存储表格数据（包括数字和文本），这意味着该文件是一个字符序列，不含必须像二进制数字那样被解读的数据。CSV 文件在 Windows 平台默认的打开程序是 Excel，但是它的本质是一个文本文件。

CSV 文件 1.csv，分别以记事本与默认程序打开，如图 7.3 所示。

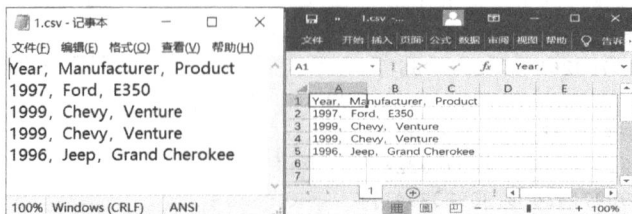

图 7.3　分别用记事本和默认程序打开 CSV 文件

（1）如果某个元素缺失，逗号仍要保留。

（2）二维数据的表头可以作为数据存储，也可以另行存储。

（3）逗号为英文逗号，逗号与数据之间无额外空格。

7.3.2 一维数据的操作

1. 一维数据的文件读取

对一维数据进行处理时，需要先从 CSV 格式文件读入一维数据，并将其表示为列表对象。需要注意，从 CSV 文件中获得内容时，每一行最后一个元素后面有一个换行符。使用 split()方法以逗号对一维数据进行分割。

例 7.12 读取文件，代码如下：

```
F1=open('1.csv','r')
ls=F1.read().split(",")
F1.close()
print(ls)
```

程序运行后的结果如下：

```
['Year, Manufacturer, Product\n1997, ford, E350\n1999, Chevy, Venture \n1999, Chevy,
Venture\n1996, Jeep, Grand Cherokee']
```

2. 一维数据的文件写入

例 7.13 写入文件，代码如下：

```
ls=['亚洲','欧洲','美洲','大洋洲']
F1=open('2.csv','w')
F1.write(",".join(ls)+"\n")
F1.close()
Print(ls)
```

程序运行后的结果如下：

```
['亚洲','欧洲','美洲','大洋洲']
```

7.4 二维数据的处理

7.4.1 二维数据结构

Python 二维数据可由一维数据结构嵌套组合而成，采用二维列表的组织形式，以及 CSV、Excel 等文件格式存储。二维列表，即数据本身是一个列表，里面的元素又是一个列表，外层的每一个元素可以代表二维数据内层的一行或者一列。

例 7.14 使用两层 for 双重循环结构遍历每个元素，代码如下：

```
ls = [[1,2], [3,4], [5,6]]  # 二维列表
for row in ls :
     for column in row :
          print(column)
```

程序运行后的结果如下：

```
1
2
3
4
5
6
```

例 7.15 二维数据示例，代码如下：

```
mylist= [[0] * 3] * 3
print(mylist)
```

程序运行后的结果如下：

```
[[0,0,0],
[0,0,0],
[0,0,0]]
```

但是当 mylist[0][1] = 1 时，会发现整个第二列都被赋值，变成如下结果：

```
[[0,1,0],
[0,1,0],
[0,1,0]]
```

list * n 相当于 n 个 list 的浅复制的连接。python 中浅复制指并没有实际复制被复制的对象，而只是复制了这个对象的引用。mylist[1]、mylist[2]仅为 mylist[0]的浅复制（引用），对 mylist[0][1]的赋值，即为对 mylist[1][1]、mylist[2][1]的赋值。

例 7.16 二维数据示例，代码如下：

```
ls_2 = [[]] * 3
ls_2
```

程序运行后的结果如下：

```
[[], [], []]
```

```
ls_2[0].append(3)
ls_2
```

程序运行后的结果如下：

```
[[3], [3], [3]]
```

[[]]是一个含有一个空列表元素的列表，所以[[]]*3 表示 3 个指向这个空列表元素的引用，修改任何一个元素都会改变整个列表。所以此时需要用另外一种方式进行创建多维数组，以免浅复制。

例 7.17 二维数据示例，代码如下：

```
ls_2 = [[] for i in range(3)]
ls_2[0].append(3)
ls_2[1].append(5)
ls_2[2].append(7)
ls_2
```

程序运行后的结果如下：

```
[[3], [5], [7]]
```

为了避免浅复制，之前的二维列表 mylist 创建方式可修改为：

```
myList = [([0] * 3) for i in range(4)]
```

7.4.2 二维数据的操作

1. 二维数据的文件读取

对二维数据进行处理时，可先从 CSV 格式文件读入二维数据，并将其表示为二维列表，再对其进行处理。下面的例子是将 1.csv 文件中的数据追加到二维列表 ls 中。

例 7.18 读取文件，代码如下：

```
F3= open("1.csv","r")
ls = []
for line in F3:
        line = line.replace("\n","")
        ls.append(line.split(","))
F3.close()
```

程序运行后的结果如下：

```
[['Year, Manufacturer, Product'],
['1997, ford, E350'],
['1999, Chevy, Venture '],
['1999, Chevy, Venture'],
['1996, Jeep, Grand Cherokee']]
```

2. 二维数据的文件写入

下面的例子是将二维列表的数据写入文件 2.csv 文件中。

例 7.19 写入文件，代码如下：

```
ls =[['Year, Manufacturer, Product'],
```

```
        ['1997, ford, E350'],
        ['1999, Chevy, Venture '],
        ['1999, Chevy, Venture'],
        ['1996, Jeep, Grand Cherokee']]  # 二维列表
F4 = open('2.csv', 'w')
for item in ls:
        F4.write(','.join(item) + '\n')
F4.close()
```

执行程序后，打开 2.csv 文件，内容如图 7.4 所示。

图 7.4　2.csv 文件的内容

7.5　实例解析

1. 案例 7-1

访客：编写一个程序，提示用户输入其名字；用户做出响应后，将其名字写入 guest.txt 文件中。

代码如下：

```
name_info = 'guest.txt'
with open(name_info, 'r+') as name_info1:
    while True:
        name_msg = input('请输入你的姓名：')
        if name_msg == 'quit':
            break
        elif name_msg == 'cls':
            name_info1.truncate()
            break
        else:
            name_info1.write('我的名字叫：' + name_msg + '\n')
```

2. 案例 7-2

访客名单：编写一个 while 循环，提示用户输入其名字；用户输入其名字后，在屏幕上输出一句问候语；并将这条访问记录添加到 guest_book.txt 文件中，并确保这个文件中的每条记录都独占一行。

代码如下：

```
f_name = 'guest_book.txt'
with open(f_name,'a') as f_name1:
    while True:
        msg = input('请输入你的姓名：')
        if msg == 'quit':
            break
        elif msg == 'cls':
            f_name1.truncate()
            break
```

```
else:
    print('你好！ ' + msg)
    f_name1.write('登录的人是： '+ msg+ '\n')
```

7.6　本章小结

本章讲解了文件的基本使用方法，包括文件的打开、关闭、读取和写入；进一步围绕数据的维度讲解了一维数据、二维数据和高维数据的概念，以及一维、二维数据的表示、存储和操作。最后通过一些实例帮助读者理解文件处理的基本方法。

7.7　习题

1. 选择题

（1）关于 Python 对文件的处理，以下描述错误的是_____。

　　A. 在 Python 中，可以通过解释器内置的 open() 函数打开一个文件

　　B. 当文件以文本方式打开时，按照字节流方式读写

　　C. 文件使用结束后要用 close()函数关闭，释放文件的使用授权

　　D. Python 能够以文本和二进制两种方式处理文件

（2）以下选项中不是 Python 对文件进行写入的操作方法的是_____。

　　A. writelines()　　　　　　　B. writetext()　　　　　　　C. write()

（3）关于数据组织的维度，以下描述错误的是_____。

　　A. 一维数据采用线性方式组织，对应于数学中的数组和集合等概念

　　B. 二维数据采用表格方式组织，对应于数学中的矩阵

　　C. 高维数据由键值对类型的数据构成，采用对象方式组织

　　D. 数据组织存在维度，字典类型用于表示一维和二维数据

（4）下面代码的输出结果是_____。

```
a = [[1,2,3], [4,5,6], [7,8,9]]
s = 0
for c in a:
    for j in range(3):
        s += c[j]
print(s)
```

　　A. 0　　　　　　　　　B. 45　　　　　　　　　C. 24　　　　　　　　D. 以上答案都不对

（5）book.txt 文件在当前程序所在目录内，其内容是一段文本：book。下面代码的输出结果是_____。

```
txt = open("book.txt", "r")
print(txt)
txt.close()
```

　　A. book.txt　　　　　　　B. txt　　　　　　　C. book　　　　　　　D. 以上答案都不对

（6）以下选项中，对文件的描述错误的是_____。

    A. 文件是存储在辅助存储器上的数据序列

    B. 文件中可以包含任何数据内容

    C. 文本文件和二进制文件都是文件

    D. 文本文件不能以二进制文件方式读入

（7）关于 Python 序列类型的通用操作符和函数，以下描述错误的是_____。

    A. 如果 s 是一个序列，s = [1,"kate",True]，那么 s[–1] 返回 True

    B. 如果 x 是 s 的元素，那么 x in s 返回 True

    C. 如果 s 是一个序列，s = [1,"kate",True]，那么 s[3] 返回 True

    D. 如果 x 不是 s 的元素，那么 x not in s 返回 True

2. 编程题

（1）编写程序，打开一个 CSV 文件，往文件末尾追加以下文本信息。

```
Idx,Listinginfo1,LogInfo1,LogInfo2,LogInfo3。
10005,2014-02-21,1,2,2014-02-20。
10005,2014-02-21,2,21,2014-02-21。
10005,2014-02-21,-4,6,2014-02-20。
```

（2）编写程序，打开一个文件，不区分大小写统计每个字符出现的次数。

（3）编写程序，打开一个文件，统计每个英文单词出现的次数。

（4）编写程序，打开一个文件，将源文件的文本数据复制到目标文件。

（5）编写一个 while 循环，询问用户为何喜欢编程。每当用户输入一个原因后，将其添加到一个存储所有原因的文件中。

08 第8章 面向对象程序设计

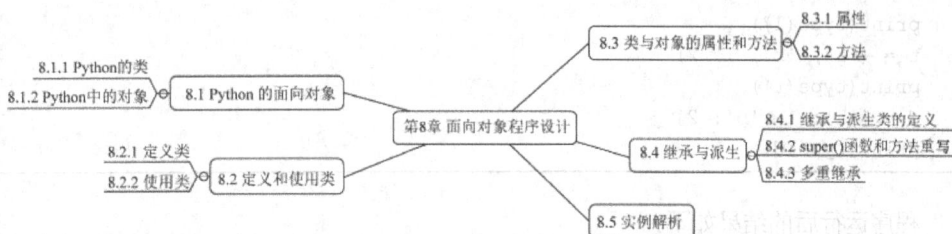

本章重点是掌握 Python 的面向对象、定义和使用类、类与对象的属性和方法，以及继承与派生。

难点是继承与派生。

8.1 Python 的面向对象

面向对象是一种对现实世界理解和抽象的方法，是计算机编程技术发展到一定阶段后的产物。面向对象编程具有封装性、继承性以及多态性三大特征，能提高代码的复用性，有利于程序的维护和扩展。在软件项目的开发过程中，采用面向对象编程可以使代码的结构更接近实际需求，更加容易理解代码逻辑，从而大大提高团队开发效率。Python 从设计之初就是一门面向对象的语言，提供了面向对象编程的所有标准特性。

8.1.1 Python 的类

在现实世界中的同一类事物具有相同的特征和动作，例如所有的汽车都有品牌、价格、颜色等特征，以及启动、加速、刹车等动作；所有的大学生都有学号、姓名、性别等特征，以及查看课程表、查看成绩、选课等动作。这些同一类的事物在面向对象语言中称为类（class），事物的特征是静态的，可以用属性来表示；而动作是动态的能力，可以用方法来实现。因此类是抽象的概念，用来描述具有相同的属性和方法的对象的集合。汽车类可以用来定义汽车的共有属性和方法，但不具体指哪一辆汽车。同样，大学生类用来定义大学生的共有属性和方法，也不具体指哪一个大学生。类只是一个概念模型，但是可以用它来创建具体的对象。

类也是一种数据结构，在 Python 中，可以用非常简洁的语法来定义自己的类，定义方法将在后面的 8.2 节中进一步介绍。而在前面章节中学习过的基础数据类型，它们也都是类。

例 8.1 使用 type()函数返回变量的对象类型，代码如下：

```
i = 1
print(type(i))
s ="abc"
print(type(s))
l = [1,2,3]
print(type(l))
t = ('a', 'b', 1, 2)
print(type(t))
d = {'a': 1, 'b': 2}
print(type(d))
```

程序运行后的结果如下：

```
<class 'int'>
<class 'str'>
<class 'list'>
<class 'tuple'>
<class 'dict'>
```

通过上面程序的输出结果，我们可以看出整型对应的类为 int，字符串对应的类为 str，列表对应的类为 list，元组对应的类为 tuple，字典对应的类为 dict，这些基本数据类型都一一对应一种类。

8.1.2 Python 中的对象

对象（object）就是具有类属性和方法的具体事物，它由类来进行创建。例如我们在路上看见的一辆辆的汽车就可以看作由汽车类产生的具体对象，它们都是真实存在的事物，虽然品牌和颜色会有不同，但都具有品牌、价格、颜色等特征，以及启动、加速、刹车等动作；同样，在大学校园的教室里面上课的一个个大学生可以看作由大学生类产生的具体对象，他们是真实可见的，虽然姓名和性别会有不同，但都有学号、姓名、性别等特征，以及查看课程表、查看成绩、选课等动作。

对象是通过类定义的数据结构实例。例如在 Python 中创建两个列表 list1 和 list2，这两个列表就是对象，是由列表类（list）创建出来的两个实例，它们都共同拥有列表类的属性和方法。

8.2 定义和使用类

虽然 Python 已经提供了一些内置类，可以直接由这些类来创建数据结构实例。但是在实际软件开发过程中，因为需求的不同，需要定义的数据结构也各不相同，因此在大部分的开发场景中，都需要自己来定义类。

8.2.1　定义类

类的定义格式：

class 类名:

    <语句 1>

    …

    <语句 n>

在 class 后面定义类的名称，类名通常以大写字母开头。类中定义的语句主要是函数的定义，但是也允许是其他语句。类的定义与函数的定义类似，必须先定义才能使用。

例 8.2　定义一个大学生类。代码如下：

```
class UniversityStudent:
    pass
```

以上程序定义了一个 UniversityStudent 类，类中只包含一条空语句 pass。

8.2.2　使用类

使用类创建实例的格式：

实例名=类名()

实例名与变量命名类似，类名必须与定义的类名完全一致。

例 8.3　使用例 8.2 的方法定义一个大学生类，再使用该类创建实例，代码如下：

```
class UniversityStudent:
        pass
student1 = UniversityStudent()
student2 = UniversityStudent()
print(type(student1))
print(id(student1))
print(type(student2))
print(id(student2))
```

程序运行后的结果如下：

```
<class '__main__.UniversityStudent'>
1901064138936
<class '__main__.UniversityStudent'>
1901064999208
```

student1 和 student2 是由 UniversityStudent 类创建的实例，通过 type() 函数可以获得创建它们的类的名称；而通过 id() 函数可以获取两个实例的内存地址（内存地址不是固定的，在不同机器上运行会有不同的结果），因为它们是独立的具体对象，所以地址是不同的。

8.3 类与对象的属性和方法

8.3.1 属性

在 Python 中，实例的属性可以通过 __init__() 方法来绑定（init 前后必须有两条下画线）。该方法被称为类的构造函数或初始化方法，当创建这个类的实例时就会被调用。创建实例后，可以通过英文句号 "." 来访问实例的属性，同时 Python 还支持在运行中动态添加属性。不管是通过构造方法绑定或者是外部直接添加的属性，它们都与实例紧密相关，称为实例属性。

例 8.4 定义一个包含学号、姓名、性别等实例属性的大学生类 UniversityStudent，并使用该类创建实例，代码如下：

```
class UniversityStudent:
    def __init__(self,id,name,sex):
        self.id = id
        self.name = name
        self.sex = sex
student1 = UniversityStudent("01","张三","男")
student2 = UniversityStudent("02","李思","女")
print("学号: "+student1.id+" 姓名: "+student1.name+" 性别: "+student1.sex)
print("学号: "+student2.id+" 姓名: "+student2.name+" 性别: "+student2.sex)
student1.id="03"
print("学号: "+student1.id+" 姓名: "+student1.name+" 性别: "+student1.sex)
student2.age=20
print("学号: "+student2.id+" 姓名: "+student2.name+" 年龄: "+str(student2.age))
```

程序运行后的结果如下：

```
学号: 01 姓名: 张三 性别: 男
学号: 02 姓名: 李思 性别: 女
学号: 03 姓名: 张三 性别: 男
学号: 02 姓名: 李思 年龄: 20
```

__init__() 方法的第一个参数一般约定为 self，表示创建的实例本身，后面的 id、name、sex 是要绑定的实例属性。通常参数名与要绑定的实例属性名一致，并由赋值语句完成绑定。在调用 __init__() 方法创建实例时，self 参数不需要传值，而其他参数需要传值，并且要与方法的参数匹配。当两个实例创建后，student1 绑定的 id 为 "01"、name 为 "张三"、sex 为 "男"，student2 绑定的 id 为 "02"、name 为 "李思"、sex 为 "女"，可以通过实例直接取出这些实例属性的值，也可以修改实例属性的值。最后对 student2 动态地添加了年龄实例属性 age，并进行了赋值和取值。

如果要限制类中的某些属性，不让在类外部直接访问这些属性，那么可以在属性的名称前加上两条下画线 __，使其变成一个私有属性，只能在类内部访问。如果把例 8.4 中的 self.id = id 改成 self.__id = id，则 student1 和 student2 都不能直接访问 id 这个私有属性。而以 __属性名__ 的形式定义的属性是可以被外部访问的。它在 Python 中被称为特殊属性，一般都是 Python 内置的属性，自己定义属性时不建议使用这种形式。

例 8.5 修改 UniversityStudent 类，把 id 变为私有属性，代码如下：

```
class UniversityStudent:
    def __init__(self,id,name,sex):
        self.__id = id
        self.name = name
        self.sex = sex
student1 = UniversityStudent("01","张三","男")
print("学号："+student1.id)
```

程序运行后会报如下错误：

```
AttributeError: 'UniversityStudent' object has no attribute 'id'
```

如果把属性定义在类中（称为类属性），类的所有实例都可以访问这种属性。实例属性属于各个实例所有，相互独立；而类属性只有一个，创建的实例都共用这个类属性，一旦类属性改变就会影响所有的实例。

例 8.6 修改大学生类 UniversityStudent，添加一个类属性 count，用来统计一共创建了多少个实例，代码如下：

```
class UniversityStudent:
    count = 0
    def __init__(self,name):
        self.name = name
        UniversityStudent.count += 1
student1 = UniversityStudent("王五")
print("学生数：",student1.count)
student2 = UniversityStudent("赵六")
print("学生数：",student2.count)
print("学生数：",UniversityStudent.count)
```

程序运行后的结果如下：

```
学生数： 1
学生数： 2
学生数： 2
```

程序先在类中定义了 count 类属性，赋初值为 0。在__init__()方法中，与实例属性不同，通过类名来访问类属性，每调用一次构造函数，count 值加 1。创建完 student1 实例后，通过 student1 实例访问类属性 count，得到的值为 1。创建完 student2 实例后，通过 student2 实例访问类属性 count，得到的值为 2。最后通过类名 UniversityStudent 访问类属性 count，得到的值也为 2。不管是 student1 还是 student2，它们访问的都是同一个类属性 count。

当实例属性和类属性重名时，实例属性优先级更高，它将屏蔽掉对类属性的访问。

例 8.7 修改大学生类 UniversityStudent，添加一个类属性 school，在创建的实例中也动态绑定一个实例属性 school，代码如下：

```
class UniversityStudent:
    school = "福建江夏学院"
    def __init__(self,name):
      self.name = name
student1 = UniversityStudent("张三")
student1.school = "福州大学"
print("学校: ",student1.school)
print("学校: ",UniversityStudent.school)
```

程序运行后的结果如下:

```
学校:  福州大学
学校:  福建江夏学院
```

程序中实例 student1 访问的 school 属性是动态绑定的实例属性,由于它的优先级比较高,所以第一次输出的学校名是实例属性存放的值"福州大学",而第二次输出的类属性的值,是默认的"福建江夏学院"。

8.3.2 方法

类的方法通过函数定义的方式实现,包括实例方法、类方法、静态方法 3 种比较常见的类型。其中,实例方法最常用,它只能由实例调用。实例方法中的第一个参数必须是实例,该参数名一般约定为 self,可以通过它来传递实例的属性和方法。

例 8.8 定义一个大学生类,该类拥有学号、姓名、课程 3 个实例属性,包含选课和显示选修课程两个实例方法,代码如下:

```
class UniversityStudent:
    def __init__(self,id,name):
      self.id = id
      self.name = name
      self.course = ""
    def selectCourse(self,course):
        self.course = course
    def showCourse(self):
        print("选修课程: "+self.course)
student1 = UniversityStudent("01","张三")
student1.selectCourse("大学语文")
print("学号: "+student1.id+" 姓名: "+student1.name)
student1.showCourse()
```

程序运行后的结果如下:

```
学号: 01 姓名: 张三
选修课程: 大学语文
```

程序中的构造方法对 id 和 name 实例属性进行了绑定,而 course 的初始值为空字符串。selectCourse()

和 showCourse()为实例方法,第一个参数都为 self。selectCourse()方法通过传入 course 参数,对实例属性 course 进行赋值,实现选课功能;showCourse()方法直接取出实例属性 course 的值进行输出,实现显示选修课程的功能。

类方法可以通过类直接调用,或通过实例直接调用。通常情况下,类方法使用@classmethod 装饰器来声明,第一个参数必须是类本身,该参数名一般约定为 cls,通过它来传递类的属性和方法。如果要在类中定义方法,在逻辑上通过类本身来调用更合理,那么这个方法就可以定义为类方法。

例 8.9 定义一个大学生类,该类拥有姓名实例属性和学生数类属性,包含一个显示学生总数的类方法,代码如下:

```python
class UniversityStudent:
    count = 0
    def __init__(self,name):
        self.name = name
        UniversityStudent.count += 1
    @classmethod
    def showCount(cls):
        print("学生总数: ",cls.count)
student1 = UniversityStudent("王五")
student2 = UniversityStudent("赵六")
student1.showCount()
student2.showCount()
UniversityStudent.showCount()
```

程序运行后的结果如下:

```
学生总数:  2
学生总数:  2
学生总数:  2
```

程序中的 showCount()方法通过参数 cls 可以取到类属性 count 的值,也可以通过类名 UniversityStudent 来访问。当创建完实例 student1 和 student2 之后,学生总数为 2。不管是通过实例还是类名都能访问 showCount(),显示出总学生数,但是建议采用类名来访问类方法,比较符合逻辑。

静态方法是指类中无须实例参与即可调用的方法,使用@staticmethod 装饰器来声明,定义时不需要 self 和 cls 参数,调用时可以直接通过类名来访问。静态方法通常是一个比较独立的函数,它仅仅托管于某个类的名称空间中,便于使用和维护。

例 8.10 编写一个类,使用静态方法实现对性别和成绩的合法性检查,代码如下:

```python
class CheckUtils:
    @staticmethod
    def checkSex(sex):
        if sex=="男" or sex=="女":
            print("性别合法")
        else:
            print("性别非法")
```

```
    @staticmethod
    def checkScore(socre):
      if socre>=0 and socre<=100:
        print("成绩合法")
      else:
        print("成绩非法")
CheckUtils.checkSex("男")
CheckUtils.checkSex("A")
CheckUtils.checkScore(80)
CheckUtils.checkScore(110)
```

程序运行后的结果如下：

```
性别合法
性别非法
成绩合法
成绩非法
```

CheckUtils 类中的静态方法可以通过类名直接调用，调用之前不需要创建实例。checkSex()方法和 checkScore()方法相互独立，不存在关联，也没有调用类中的任何属性和方法，只是通过 CheckUtils 类把它们组合在一起。

类中的私有属性在外部不能直接访问，如果要获取或者修改私有属性的值，可以通过 get()和 set() 方法来实现。专门用来保存数据的类，通常也称为模型（Model）。模型一般要把属性设置为私有，然后在 get()和 set()方法中进行更加精确的访问控制，以及对传入数据的有效性进行判断。

例 8.11 编写一个 UniversityStudent 类，包含学号和姓名两个私有属性，采用 get()和 set()方法进行访问控制，代码如下：

```
class UniversityStudent:
    def __init__(self,id,name):
      self.__id = id
      self.__name = name
    def setName(self,name):
        self.__name=name
    def getName(self):
      return self.__name
    def setId(self,id):
        if len(id)==7:
            self.__id=id
        else:
            print("学号不合法")
    def getId(self):
        return self.__id
student1 = UniversityStudent("2019001","张三")
student1.setName("王五")
print("姓名：",student1.getName())
student1.setId("201902")
student1.setId("2019003")
print("学号：",student1.getId())
```

程序运行后的结果如下：

姓名：王五
学号不合法
学号：2019003

UniversityStudent 类的 id 和 name 都是私有属性，不能通过实例 student1 直接访问。当要修改姓名时，可以通过 setName()方法实现；需要修改学号时，可以通过 setId()方法实现。在修改学号时会检查学号是否是 7 个字符，如果长度不为 7，则为非法学号，不能修改。

8.4　继承与派生

8.4.1　继承与派生类的定义

继承性是面向对象的一个重要特征，通过继承机制可以达到代码重用的效果。例如汽车类有品牌、价格、颜色等属性和启动、加速、刹车等方法，而公交车类是一种特殊的汽车类，拥有汽车类的属性和方法，又有自己的行驶线路属性以及收费方法。那么我们在设计公交车类的时候就不用重复定义品牌、价格、颜色等属性和启动、加速、刹车等方法，它们可以直接从汽车类继承过来，只定义公交车类自己独有的属性和方法即可。通过继承创建的新类称为子类或派生类，被继承的类称为基类、父类或超类。因此公交车类就是汽车类的派生类，汽车类是公交车的基类。Python 语言中的所有类都继承了 object 类，所以 object 类是最顶层的基类。

继承的定义格式：

class 派生类名(基类名)：

　　语句 1

　　…

　　语句 n

说明

（1）如果在派生类中需要基类的构造方法，就需要显式地调用基类的构造方法，或者不重写基类的构造方法。

（2）优先在本类中查找调用的方法，找不到再去基类中找。

例 8.12　编写一个汽车类和公交车类，汽车类包含品牌和颜色两个属性以及启动和停止两个方法，公交车类继承汽车类，同时又有自己的收费方法，代码如下：

```
class AutoMobile:
    def __init__(self,brand,color):
        self.brand=brand
        self.color=color
    def start(self):
        print("启动")
    def stop(self):
        print("停止")
```

```
class Bus(AutoMobile):
    def charge(self,n):
        print("%s 的%s 牌公交车, 上车收费%d 元" % (self.color,self.brand,n))
yutong=Bus("宇通","蓝色")
yutong.start()
yutong.charge(1)
yutong.stop()
```

程序运行后的结果如下:

```
启动
蓝色的宇通牌公交车, 上车收费1 元
停止
```

Bus 类是 AutoMobile 类的子类, 继承了 brand、color 属性和 start()、stop()方法, 所以在实例或者类体中都可以直接访问。而 Bus 类又新增了一个 charge()方法, 扩展了自己独有的功能。

isinstance()函数既可以判断一个变量是否是某种数据类型, 也可以判断一个对象是否是某个类的实例, 而且会考虑继承关系, 认为子类的实例化对象和其父类相同。

例 8.13 A 是父类, B 是 A 的子类, C 是 B 的子类, 分别创建 3 个类的实例, 并判断它们的类型, 代码如下:

```
class A:
    pass
class B(A):
    pass
class C(B):
    pass
a=A()
b=B()
c=C()
print(isinstance(a,A))
print(isinstance(a,B))
print(isinstance(a,C))
print(isinstance(b,A))
print(isinstance(b,B))
print(isinstance(b,C))
print(isinstance(c,A))
print(isinstance(c,B))
print(isinstance(c,C))
```

程序运行后的结果如下:

```
True
False
False
True
True
False
True
True
True
```

从程序运行结果来看，子类 B 和 C 的实例都可以是父类 A 的类型，而反过来父类 A 的实例不可以是子类 B 或者 C 的类型。

8.4.2　super()函数和方法重写

super()函数的主要作用是调用父类的方法，在 Python 3 中可以直接使用 super()代替 super（类名,self）形式。在继承关系中，当子类实现了与父类同名的方法，称为方法重写。如果存在方法重写，那么子类的实例默认调用的是子类的覆盖方法，但是可以通过 super()函数来指定调用父类的原有方法。当有多个子类重写了父类的方法，这种情况在面向对象中又称为多态。

例 8.14　编写一个汽车类和一个公交车类，汽车类包含品牌和颜色两个属性以及一个显示方法，公交车类继承汽车类，并重写构造方法和显示方法，代码如下：

```python
class AutoMobile:
    def __init__(self,brand,color):
        self.brand=brand
        self.color=color
    def show(self):
        print("品牌: ",self.brand)
        print("颜色: ",self.color)
class Bus(AutoMobile):
    def __init__(self,brand,color,line):
        super().__init__(brand,color)
        self.line = line
    def show(self):
        super().show()
        print("线路: ",self.line)
yutong=Bus("宇通","蓝色",96)
yutong.show()
```

程序运行后的结果如下：

```
品牌: 宇通
颜色: 蓝色
线路: 96
```

Bus 类直接通过 super()函数调用父类 AutoMobile 的构造方法对 brand、color 属性进行赋值。因为 Bus 类要重写构造方法，所以必须要显式地调用父类的构造方法。而 Bus 类的 show()方法直接调用了父类的 show()方法来输出 brand 和 color 属性。

例 8.15　编写一个动物类，定义一个用来显示动物叫声的方法，再编写狗和猫两个子类，并对父类的方法进行重写，代码如下：

```python
class Animal:
    def cry(self):
        pass
class Dog(Animal):
    def cry(self):
        print("狗汪汪叫……")
```

137

```
class Cat(Animal):
    def cry(self):
        print("猫喵喵叫……")
def test(animal):
    animal.cry()
test(Dog())
test(Cat())
```

程序运行后的结果如下：

```
狗汪汪叫……
猫喵喵叫……
```

test()函数通过参数 animal 来调用 cry()方法，从形式来看这个 cry()方法是一个通用的方法，并没有具体的实现。当使用 Dog 类的实例作为参数进行调用时，cry()方法输出的是"狗汪汪叫……"；而使用 Cat 类的实例作为参数进行调用时，cry()方法输出的是"猫喵喵叫……"，这就是所谓的多态性。如果要再新增一个动物类，只要实现自己的 cry()方法即可。test()函数不会管参数 animal 的 cry()方法的实现细节，这样增加了程序的灵活性和扩展性。

8.4.3 多重继承

多重继承是指一个子类可以继承多个父类，例如有类 A、B 和 C，C 同时继承了类 A 和类 B，此时类 C 可以使用类 A 和类 B 中的属性与方法。

多重继承的定义格式：

class 派生类名(基类名 1, 基类名 2,…):

  <语句 1>

  …

  <语句 n>

例 8.16 编写一个公交车类，同时继承汽车类和费用类，代码如下：

```
class AutoMobile:
    def __init__(self,brand,color):
        self.brand=brand
        self.color=color
    def show(self):
        print("品牌: ",self.brand)
        print("颜色: ",self.color)
class Cost:
    def charge(self,n):
        print("收费: %d元" % n)
class Bus(AutoMobile,Cost):
    def show(self):
        super().show()
        super().charge(1)
yutong=Bus("宇通","蓝色")
yutong.show()
```

程序运行后的结果如下：

品牌：宇通
颜色：蓝色
收费：1元

关于公交车类 Bus 对汽车类 AutoMobile 的继承，前面的例子已经介绍过了，不同的是此处把收费 charge()方法单独放在了一个费用类 Cost 中。通过多重继承，公交车类 Bus 分别拥有了两个父类的 show()和 charge()方法。

如果不同的父类中存在相同的方法名称，子类对象调用的时候会根据 MRO（Method Resolution Order，方法解析顺序）进行查找，一旦找到对应方法，则查找马上返回。新式类的搜索方法采用"广度优先"的方式去查找，类中的内置属性__mro__标记了 Python 继承层次中父类查找的顺序。为了避免产生混淆，如果父类之间存在同名的方法，应尽量不采用多重继承。

例 8.17 类 C 继承了类 A 和类 B，类 A 和类 B 中有一个相同的方法名，代码如下：

```
class A:
    def f(self):
        print('A中的f()方法')
class B:
    def f(self):
        print('B中的f()方法')
class C(A,B):
    pass
print(C.__mro__)
c = C()
c.f()
```

程序运行后的结果如下：

```
(<class '__main__.C'>, <class '__main__.A'>, <class '__main__.B'>, <class 'object'>)
A中的f()方法
```

内置属性__mro__显示出了查找的顺序为 C、A、B、object，当通过实例 c 去调用 f()方法时，先在类 A 中找到了，查找结束，执行类 A 中的 f()方法。

8.5 实例解析

1. 案例说明

请用面向对象的方法编程实现：有圆、三角形、矩形 3 种图形，它们都有名称、颜色特征，但是又分别有半径、底与高、长与宽等特征，而且计算面积的方法各不相同。

2. 编程思路

（1）抽象。根据已知条件，对圆、三角形、矩形 3 种图形进行抽象，提取共有的属性与方法。

它们共有的属性为名称与颜色，共有的方法为计算面积。而半径、底与高、长与宽等特征是各种图形特有的，不能作为公共属性。

（2）封装。把抽象出来的属性和方法封装为图形类，作为 3 种图形的父类。图形类拥有名称和颜色两个属性，拥有计算面积方法，但方法里面不用给出具体计算方法。

（3）继承。圆、三角形、矩形 3 种图形为子类，都继承于图形类，都要实现自身的面积的计算方法。此外，圆拥有半径属性，三角形拥有底与高两个属性，矩形拥有长与宽两个属性。

（4）测试。编写一个计算面积的函数，以图形类为参数，通过调用计算面积方法得到面积，并输出结果。再用不同的子类创建实例，作为测试函数的参数进行调用。通过这样封装，如果再新增一种图形子类，只需要子类扩展自己的属性和实现计算面积方法，而原来的代码逻辑不用修改就能计算出新增图形的面积。

3. 程序代码

```python
class Graph:
    def __init__(self,name,color):
        self.name = name
        self.color = color
    def getArea(self):
        pass
class Circle(Graph):
    def __init__(self,name,color,radius):
        super().__init__(name,color)
        self.radius = radius
    def getArea(self):
        return 3.14 * self.radius * self.radius
class Triangle(Graph):
    def __init__(self,name,color,bottom,high):
        super().__init__(name,color)
        self.bottom = bottom
        self.high = high
    def getArea(self):
        return 0.5 * self.bottom * self.high
class Rectangle(Graph):
    def __init__(self,name,color,long,width):
        super().__init__(name,color)
        self.long = long
        self.width = width
    def getArea(self):
        return self.long * self.width
def computeArea(graph):
    print("%s的%s的面积为%f" % (graph.color,graph.name,graph.getArea()))
c = Circle("圆","红色",2)
computeArea(c)
t = Triangle("三角形","蓝色",2,4)
computeArea(t)
r = Rectangle("矩形","绿色",6,3)
computeArea(r)
```

4. 输出结果

程序运行后的结果如下：

红色的圆的面积为 12.560000
蓝色的三角形的面积为 4.000000
绿色的矩形的面积为 18.000000

8.6 本章小结

面向对象是一种对现实世界理解和抽象的方法，具有封装性、继承性以及多态性三大特征。同一类的事物在面向对象语言中称为类，对象就是具有类属性和方法的具体事物，它由类来进行创建。

类的实例属性通过构造函数__init__()来绑定，通过英文句号 "." 来访问。属性的名称前加上两条下画线__是私有属性，只能在类内部访问。定义在类中的属性称为类属性，类的所有实例都可以访问类属性。类的方法包括实例方法、类方法、静态方法 3 种，类方法可以通过类直接调用，定义静态方法时不需要 self 和 cls 参数。

object 类是最顶层的基类，super()函数的主要作用是调用父类的方法。如果子类实现了与父类同名的方法，称为方法重写。多重继承是指一个子类可以继承多个父类，如果不同的父类中存在相同的方法名称，子类对象调用的时候会根据 MRO 进行查找后再调用。

8.7 习题

1. 选择题

（1）关于面向对象，下列说法错误的是_____。

    A. 面向对象是一种对现实世界理解和抽象的方法

    B. 面向对象具有封装性、继承性以及多态性三大特征

    C. 面向对象强调的是解决问题的步骤

    D. 面向对象编程能提高代码的复用性，有利于程序的维护和扩展

（2）关于类和对象的关系，下列描述错误的是_____。

    A. 类是对某一类对象的抽象

    B. 类和对象的关系是一种数据类型与变量的关系

    C. 对象是根据类创建的，并且一个类只能对应一个对象

    D. 对象描述的是现实的个体，它是类的实例

（3）定义类的关键字是_____。

    A. def   B. class   C. yield   D. pass

（4）Python 类中包含一个特殊的变量_____，它表示当前对象自身，可以访问类的成员。

    A. self   B. super   C. this   D. 类名

（5）构造方法是类的一个特殊方法，它的名称为_____。

    A. 与类名相同   B. construct   C. __init__   D. init

（6）构造方法的作用是_____。

    A. 一般成员方法   B. 类的初始化

    C. 对象的初始化   D. 对象的创建

（7）下列关于类的属性描述错误的是_____。

    A. 实例属性属于各个实例所有，相互独立

    B. 类属性只有一个，创建的实例都共用这个类属性

    C. 私有属性只能在类内部访问

    D. 当实例属性和类属性重名时，类属性优先级更高

（8）下列关于类的方法描述错误的是_____。

    A. 实例方法中的第一个参数一般约定为 self

    B. 类方法只能通过类调用

    C. 类方法第一个参数必须是类本身，该参数名一般约定为 cls

    D. 定义静态方法时不需要 self 和 cls 参数

（9）定义类的代码如下：

```python
class Person():
  def __init__(self,name) :
     self.name=name
  def show(self) :
    print(self.name)
```

下面的代码能正常执行的是_____。

    A. p = Person

        p.show()

    B. p = Person ()

        p.show('李思')

    C. p = Person ('李思')

        p.show()

    D. p = Person('李思')

        Show()

（10）定义类的代码如下：

```python
class A():
  def a(self):
    print("a")
class B():
  def b(self):
    print("b")
class C():
  def c(self):
    print("c")
```

```
class D(A,C):
  def d(self):
    print("d")
d = D()
d.a()
d.c()
d.d()
```

程序运行后的结果是_____。

  A. a

   b

   d

  B. a

   d

  C. a

   c

   d

  D. 执行会报错

2. 填空题

（1）面向对象具有_____、_____以及_____三大特征。

（2）类是抽象的概念，用来描述具有相同的_____和_____的对象的集合。

（3）对象就是具有类属性和方法的具体事物，它由_____来进行创建。

（4）类的实例属性可以通过_____方法来绑定。

（5）实例方法中的第一个参数必须是实例，该参数名一般约定为_____。

（6）类方法使用_____装饰器来声明。

（7）_____是最顶层的基类。

（8）_____函数的主要作用是调用父类的方法。

3. 编程题

（1）定义一个商品类，包含商品名称、价格、折扣 3 个属性，用构造方法进行初始化，再设计一个购买方法，该方法有一个购买数量参数，能够计算出实际付款金额。请编写程序实现此商品类，并测试类的功能。

（2）有苹果、梨子、橙子 3 种水果，它们都有名称、颜色、单价（每斤的价格）3 种属性，但是它们的计价方式各不相同。苹果 1 斤以上总价打 9 折，梨子 2 斤以上总价打 8 折，橙子 3 斤以上总价打 7 折。而对于顾客来说，只要拿一种水果来称重，之后便能算出该水果的总价。请编写程序利用继承以及多态实现以上功能，并进行测试。

第 9 章 异常处理

9.1.1 认识异常

9.1.2 处理异常 —— 9.1 异常概述

9.1.3 抛出异常

9.3 自定义异常

第9章 异常处理

9.2 异常处理流程

9.4 实例解析

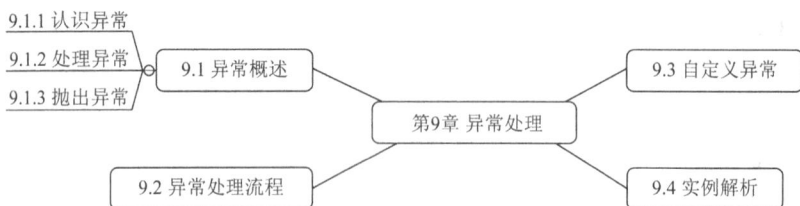

本章重点是掌握异常概述（处理异常、抛出异常）、异常处理流程以及自定义异常。

难点是异常处理流程和自定义异常。

9.1 异常概述

9.1.1 认识异常

异常是一个事件，该事件会在程序执行过程中发生，影响程序的正常执行。当程序运行出现错误的时候，就会产生异常，若没有处理该异常，程序的运行也会随之终止。有些错误是我们编写代码时造成的，如语法错误、逻辑错误等。还有一些错误是不可预料的，如文件不存在、磁盘空间不足、网络堵塞、系统错误等。

异常是 Python 对象，表示一个错误。异常有很多种类型，Python 内置了几十种常见的异常，如表 9.1 所示。大多数的异常都不会被程序处理，而是会以错误信息的形式展现出来。

表 9.1   Python 中的常见异常

异常名称	描述
BaseException	所有异常的基类
SystemExit	解释器请求退出
KeyboardInterrupt	用户中断执行(通常是输入 Ctrl+C)
Exception	常规错误的基类
StopIteration	迭代器没有更多的值
GeneratorExit	生成器（generator）发生异常通知退出
StandardError	所有的内置标准异常的基类
ArithmeticError	所有数值计算错误的基类
FloatingPointError	浮点计算错误
OverflowError	数值运算超出最大限制
ZeroDivisionError	除（或取模）零（所有数据类型）
AssertionError	断言语句失败
AttributeError	对象没有这个属性
EOFError	没有内置输入，到达 EOF 标记
EnvironmentError	操作系统错误的基类
IOError	输入/输出操作失败
OSError	操作系统错误
WindowsError	系统调用失败
ImportError	导入模块/对象失败
LookupError	无效数据查询的基类
IndexError	序列中没有此索引（index）
KeyError	映射中没有这个键
MemoryError	内存溢出错误（对于 Python 解释器来说不是致命的）
NameError	未声明/初始化对象（没有属性）
UnboundLocalError	访问未初始化的本地变量
ReferenceError	弱引用（Weak Reference）试图访问已经垃圾回收了的对象
RuntimeError	一般的运行时错误
NotImplementedError	尚未实现的方法
SyntaxError	Python 语法错误
IndentationError	缩进错误
TabError	Tab 和空格混用
SystemError	一般的解释器系统错误
TypeError	对类型无效的操作
ValueError	传入无效的参数
UnicodeError	Unicode 相关的错误
UnicodeDecodeError	Unicode 解码时错误
UnicodeEncodeError	Unicode 编码时错误
UnicodeTranslateError	Unicode 转换时错误
Warning	警告的基类
DeprecationWarning	关于被弃用的特征的警告
FutureWarning	关于构造将来语义会有改变的警告
OverflowWarning	旧的关于自动提升为长整型（long）的警告
PendingDeprecationWarning	关于特性将会被废弃的警告
RuntimeWarning	可疑的运行时行为（Runtime Behavior）的警告
SyntaxWarning	可疑的语法的警告
UserWarning	用户代码生成的警告

例 9.1　程序异常信息输出，代码如下：

```
i = 2 * (1 / 0)
j = n * 5 + 1
str = 90 + '分'
```

以单行的形式运行，结果如下：

```
 i = 2 * (1 / 0)
Traceback (most recent call last):
  File "<stdin>", line 1, in <module>
ZeroDivisionError: division by zero
 j = n * 5 + 1
Traceback (most recent call last):
  File "<stdin>", line 1, in <module>
NameError: name 'n' is not defined
 str = 90 + '分'
Traceback (most recent call last):
  File "<stdin>", line 1, in <module>
TypeError: unsupported operand type(s) for +: 'int' and 'str'
```

当程序出现异常时，如果没有处理异常，则会终止运行，因此上面的程序需要以单行形式运行或者分为独立的 3 个程序运行。当运行第 1 行代码时，抛出的异常为 ZeroDivisionError，是除零异常；当运行第 2 行代码时，抛出的异常为 NameError，表示未声明或者未初始化对象，n 未定义；当运行第 3 行代码时，抛出的异常为 TypeError，表示对类型无效的操作，整型不能和字符串直接运算。

9.1.2　处理异常

当程序执行过程中产生异常时，我们需要捕获并处理异常，否则程序会终止执行。如果捕获异常成功则进入另外一个处理分支，执行异常处理逻辑，使程序不崩溃，这就是异常处理。捕获异常可以使用 try…except 语句，其基本语法格式如下：

try:
　　语句块
except 异常名称 as 别名:
　　语句块

try…except 语句处理异常的工作机制如下。

（1）执行 try 子句（关键字 try 和关键字 except 之间的语句）。

（2）如果没有异常发生，忽略 except 子句，try 子句执行后结束。

（3）如果在执行 try 子句的过程中发生了异常，那么 try 子句余下的部分将被忽略。如果异常的类型和 except 之后的名称相符，那么对应的 except 子句将被执行。

例 9.2　单个异常的处理，代码如下：

```
try:
    x = int(input("请输入一个整数："))
    print("输入的整数为：",x)
except ValueError as e:
```

```
    print("输入的整数非法! ",e)
print("程序执行结束! ")
```

第一次输入正确的整数，结果如下：

```
请输入一个整数: 12
输入的整数为: 12
程序执行结束!
```

第二次输入非法的整数，结果如下：

```
请输入一个整数: ab
输入的整数非法!  invalid literal for int() with base 10: 'ab'
程序执行结束!
```

当第二次输入非法整数 ab 时，因为对 ValueError 异常进行了处理，所以程序并没有终止运行，而是执行了 except 子句的代码，然后继续执行 try 语句之后的代码。如果输入了合法的整数，则继续执行 try 子句后面的代码，except 子句不会被执行。因此加入异常处理可以防止程序异常终止，使用户体验变得更加友好。

一个 try 语句可能有多个 except 子句，以指定不同异常的处理程序，最多会执行一个处理程序。处理程序只处理相应的 try 子句中发生的异常，而不处理同一 try 语句内其他处理程序中的异常。

例 9.3　多种异常的处理，代码如下：

```
try:
    x = int(input("请输入一个整型的被除数："))
    y = int(input("请输入一个整型的除数："))
    print("商等于: ",x/y)
except ValueError as e:
    print("输入的整数非法! ",e)
except ZeroDivisionError as e:
    print("输入的除数为0!",e)
```

第一次输入非法的整数，结果如下：

```
请输入一个整型的被除数: a
输入的整数非法!  invalid literal for int() with base 10: 'a'
```

第二次输入非法的除数，结果如下：

```
请输入一个整型的被除数: 1
请输入一个整型的除数: 0
输入的除数为0! division by zero
```

当输入非法整数时会触发 ValueError 异常，输入数值为 0 的除数时会触发 ZeroDivisionError 异常，每次只执行其中的一个异常处理程序。

如果想对多种异常做一个统一的处理可以将多个异常命名为带括号的元组，格式如下：

except　(异常名称 1, 异常名称 2,…):

　　语句块

当异常的种类较多或者事先不明确会发生哪种异常时，可以采用通用异常类 Exception 来捕获异常。

例 9.4　通用异常的处理，代码如下：

```
try:
    x = int(input("请输入一个整型的被除数："))
    y = int(input("请输入一个整型的除数："))
    print("商等于: ",x/y)
except Exception as e:
    print("输入的整数非法! ",e)
```

第一次输入非法的整数，结果如下：

```
请输入一个整型的被除数：a
输入的整数非法! invalid literal for int() with base 10: 'a'
```

第二次输入非法的除数，结果如下：

```
请输入一个整型的被除数：1
请输入一个整型的除数：0
输入的整数非法! division by zero
```

当输入非法整数和数值为 0 的除数时，都会触发 Exception 异常，但是这种通用异常处理就没有多种异常处理那样细化，只会输出"输入的整数非法!"这样比较模糊的出错提示。

9.1.3　抛出异常

有些时候，我们需要主动抛出一个异常。在 Python 中，可使用 raise 语句来引发异常，并将一个类（必须是 Exception 的子类）或实例作为参数。将类作为参数时，将自动创建一个实例。如果什么参数都不给，那么会默认抛出当前异常。

例 9.5　用 raise 语句抛出异常，代码如下：

```
try:
    s = input("请输入性别: ")
    if s == '男':
        print("先生，您好! ")
    elif s == '女':
        print("女士，您好! ")
    else:
        raise ValueError("性别非法! ")
except ValueError as e:
    print("输入错误! ",e)
```

当输入非法的性别，结果如下：

```
请输入性别：a
输入错误! 性别非法!
```

当输入非法性别时，程序会通过 raise 语句主动抛出 ValueError 异常，采用异常处理程序进行警告处理。另外 raise 语句也可以将异常继续往上层传递，让上层去处理异常。

9.2 异常处理流程

除了捕获异常，如果还需要对程序中的未发生异常或者发生异常之后的情况进行处理，可以使用 try…except…else…finally 语句来实现。该语句的格式如下：

try:
    语句块
except 异常名称 1   as 别名:
    语句块
except 异常名称 2   as 别名:
    语句块
…
else:
    语句块
finally:
    语句块

该异常处理流程如图 9.1 所示，先处理 try 语句，有异常则进入 except 分支，否则进入 else 分支，但不管有无异常最后肯定会进入 finally 分支。

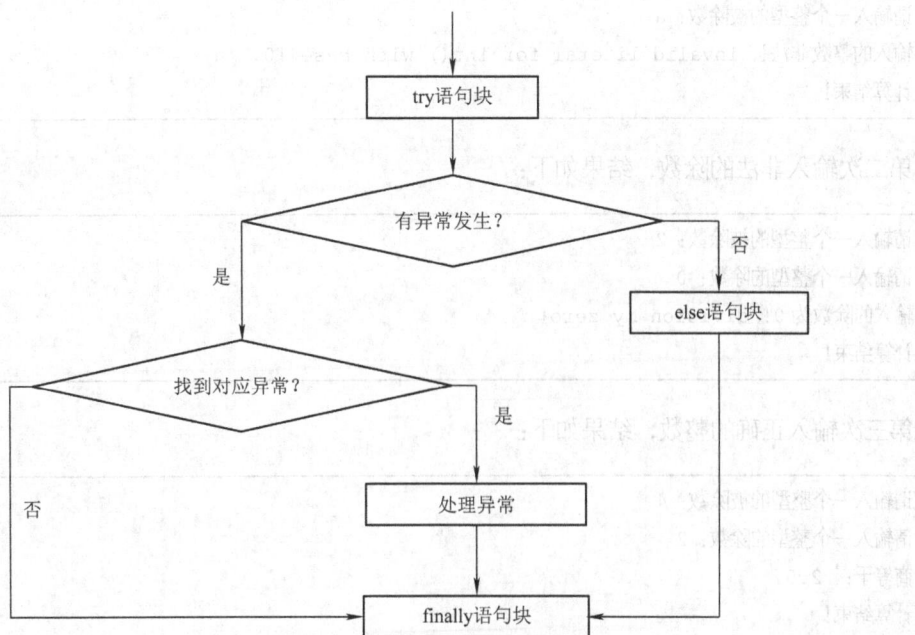

图 9.1 异常处理流程图

（1）try、except、else、finally 语句必须按顺序出现，即所有的 except 语句必须在 else 和 finally 语句之前，如果有 else 语句，则 except 语句必须在 finally 语句之前，否则会出现语法错误。

说明

（2）else 和 finally 语句都是可选的，而不是必须的。

（3）else 语句的存在必须以 except 语句为前提，如果在没有 except 语句的 try 语句中使用 else 语句，那么会引发语法错误，也就是说 else 语句不能与 try 和 finally 语句配合使用。

例 9.6　异常处理流程，代码如下：

```
try:
    x = int(input("请输入一个整型的被除数: "))
    y = int(input("请输入一个整型的除数: "))
    answer = x / y
except ValueError as e:
    print("输入的整数非法! ",e)
except ZeroDivisionError as e:
    print("输入的除数为 0!",e)
else:
    print("商等于: ",answer)
finally:
    print("计算结束! ")
```

第一次输入非法的整数，结果如下：

```
请输入一个整型的被除数: a
输入的整数非法!  invalid literal for int() with base 10: 'a'
计算结束!
```

第二次输入非法的除数，结果如下：

```
请输入一个整型的被除数: 2
请输入一个整型的除数. 0
输入的除数为 0! division by zero
计算结束!
```

第三次输入正确的整数，结果如下：

```
请输入一个整型的被除数: 4
请输入一个整型的除数: 2
商等于: 2.0
计算结束!
```

finall 语句每次都会执行，而 else 语句只有在输入正确且无异常发生的情况下才会执行。

9.3　自定义异常

大多数情况下，上面提到的内置异常已经够用了，但是有时候还是需要自定义一些异常。自定义的异常应该继承 Exception 类，直接继承或者间接继承都可以。格式如下：

class 异常名称(Exception):

　　语句块

说明

（1）一般情况下，异常的名字都以 Error 结尾，所以在为自定义异常命名的时候建议也遵守这一规范，就跟标准的异常命名一样。

（2）语句块中一般要定义一个 __init__() 构造函数，这样可以把发生异常的数据传入异常类的成员变量中，在 except 语句中就能取出这些数据。

例 9.7　手机号码长度检测，代码如下：

```
class PhoneNumberError(Exception):
    def __init__(self, length):
        self.length = length
try:
    n = input("请输入一个手机号码: ")
    if len(n) != 11:
        raise PhoneNumberError(len(n))
except PhoneNumberError as e:
    print('输入的手机号码长度为%d, 长度应为11! ' % (e.length))
else:
    print('手机号码为: %s' % (n))
```

第一次输入非法长度的手机号码，结果如下：

```
请输入一个手机号码: 1363511
输入的手机号码长度为7, 长度应为11!
```

第二次输入正确的手机号码，结果如下：

```
请输入一个手机号码: 12345678901
手机号码为: 12345678901
```

如果输入的手机号码长度不为 11，则通过抛出异常语句抛出自定义的 PhoneNumberError 异常，同时传递当前错误的手机号码长度。在异常处理程序中，获取错误的手机号码长度，并输出错误提示。只有输入正确长度的手机号码，才会执行 else 语句，输出输入的手机号码。

9.4　实例解析

1. 案例说明

请用面向对象的方法结合异常处理编程实现：某车站的班车的核载人数为 50 人，上车的总人数不能超过核载人数，超过则产生异常，即上车失败，但是不管上车是否失败或者人数是否达到核载人数，班车都要在固定时间发车。

2. 编程思路

（1）定义异常处理类。班车的超载异常不属于系统异常，那么可以通过自定义异常类来实现。该类中要能够接收核载人数和当前人数两个参数，以便在异常处理中输出错误信息提示。

（2）定义班车类。班车类中应该有核载人数和当前总人数两个成员变量，具有上车和发车两个方法，其中上车方法要有上车人数作为参数。

（3）抛出异常。在班车类的上车方法中需要对人数进行判断，如果超过了核载人数，则抛出自定义异常。

（4）异常处理。在对班车类进行测试时，必须加上异常处理语句，以捕获自定义异常和可能发生的系统异常。

3. 程序代码

```python
class BusNumberError(Exception):
    def __init__(self, capacity, number):
        self.capacity = capacity
        self.number = number
class Bus:
    def __init__(self,capacity):
        self.capacity = capacity
        self.number = 0
    def start(self):
        print("班车启动了! ")
    def getOn(self,newnumber):
        if self.number + newnumber > self.capacity:
            raise BusNumberError(self.capacity,self.number + newnumber)
        else:
            self.number = self.number + newnumber
try:
    bus = Bus(50)
    n = input("请输入上车人数: ")
    bus.getOn(int(n))
except ValueError as e:
    print("输入的上车人数非法! ",e)
except BusNumberError as e:
    print('超载, 班车的核载人数为%d, 当前总人数为%d! ' % (e.capacity,e.number))
else:
    print('上车完毕, 当前总人数为%d。' % (bus.number))
finally:
    bus.start()
```

4. 输出结果

输入非法数据的测试结果如下：

```
请输入上车人数: a
输入的上车人数非法!  invalid literal for int() with base 10: 'a'
班车启动了!
```

输入超载人数的测试结果如下：

请输入上车人数：59
超载，班车的核载人数为 50，当前总人数为 59！
班车启动了！

输入正确人数的测试结果如下：

请输入上车人数：29
上车完毕，当前总人数为 29。
班车启动了！

9.5　本章小结

　　异常是一个事件，该事件会在程序执行过程中发生，若没有处理，程序的运行也会随之终止。异常也是对象，Python 内置了几十种常见的异常。当程序执行过程中产生异常时，可以使用 try…except 语句来捕获异常并处理，使程序不崩溃。一个 try 语句可能有多个 except 子句，但最多只会执行一个处理程序。异常类 Exception 可以用来捕获通用异常。如果需要主动抛出异常，可使用 raise 语句来引发异常。

　　使用 try…except…else…finally 语句来处理异常时，会先处理 try 语句，有异常则进入 except 分支，否则进入 else 分支，不管有无异常最后一定会进入 finally 分支。

　　自定义异常需要直接或者间接继承 Exception 类。

9.6　习题

1. 选择题

（1）下列有关异常的说法正确的是_____。

　　A. 程序中抛出异常会终止程序

　　B. 程序中抛出异常不一定会终止程序

　　C. 拼写错误会导致程序终止

　　D. 缩进错误会导致程序终止

（2）下列语句运行以后，会产生_____异常。

---

n = 15 / 0

　　A. SyntaxError　　　　B. NameError　　　　C. IndexError　　　　D. ZeroDivisionError

（3）下列语句中，用于抛出异常的是_____语句。

　　A. try　　　　　　　　B. catch　　　　　　　C. except　　　　　　　D. raise

（4）异常处理的执行顺序正确的是_____。

A. try→except→finally→else   B. try→else→except→finally

C. try→except→else→finally   D. try→else→finally→except

（5）当 try 语句没有任何异常发生时，一定不会执行的语句是_____语句。

A. try   B. except   C. else   D. finally

（6）对以下程序描述错误的是_____。

```
try:
    #语句块 1
except NameError as e:
    #语句块 2
```

A. 该程序对异常处理了，因此一定不会终止程序

B. 语句块 1 如果抛出异常，也不一定会执行语句块 2

C. 语句块 1 如果抛出 NameError 异常，则不会因为异常终止程序

D. 语句块 2 不一定会执行

（7）程序如下：

```
try:
    number = int(input("请输入一个整数: "))
    print("整数为:",number)
    print("try 结束")
except Exception as e:
    print("打印异常详情信息:  ",e)
else:
    print("没有异常")
finally:
    print("finally")
print("end")
```

运行程序后，输入 1a 的结果是_____。

A. 整数为: 1

    打印异常详情信息: invalid literal for int() with base 10:

    finally

    end

B. 打印异常详情信息: invalid literal for int() with base 10:

    finally

     end

C. try 结束

    打印异常详情信息: invalid literal for int() with base 10:

    finally

    end

D. 整数为: 1

　　try 结束

　　没有异常

　　finally

　　end

2. 填空题

（1）运行 str='a'+1 这句代码会抛出＿＿＿＿＿＿＿＿＿异常。

（2）在 except 语句中给异常取别名时，要用＿＿＿＿＿＿＿关键字。

（3）通用异常的类名为＿＿＿＿＿＿＿＿。

（4）＿＿＿＿＿＿＿＿语句用来主动抛出异常。

（5）在异常处理流程中，不管有无异常，必定会执行的是＿＿＿＿＿＿＿＿分支。

（6）自定义异常必须直接或者间接继承＿＿＿＿＿＿＿类。

3. 编程题

定义一个成绩异常类，当用户输入的成绩小于 0 或者大于 100 时，抛出此异常，在程序中同时也要处理由于输入非法整数而产生的异常。

10 第 10 章　Python 爬虫程序

本章重点是掌握爬虫概述、爬虫三大库、Scrapy 框架（Scrapy 的安装和 Scrapy 的使用）。

难点是 lxml 库、Scrapy 的使用。

10.1　爬虫概述

随着大数据和人工智能技术的发展，越来越多的重要决策依赖于数据，因此数据的采集是一项非常重要的工作。除了一些公开和商用的数据集之外，在互联网中也涵盖了海量的价值化数据，如果单纯靠人工进行信息采集，不仅低效烦琐，搜集的成本也很高。如何自动高效地获取互联网中有价值的信息是一个重要的问题，而采用爬虫技术能够很好地解决这个问题。

网络爬虫（又称网页蜘蛛、网络机器人）是一种按照一定的规则，自动地抓取万维网（Wcb）信息的程序或者脚本。互联网就像一张蜘蛛网，网络爬虫就好比一只在网上爬行的蜘蛛，它从网站的某一个页面开始，读取页面的内容以及其他内容的链接地址，然后通过这些链接地址寻找下一个页面，这样一直循环下去，直到把这个网站所有页面都抓取完为止。

10.1.1　爬虫类型

根据爬虫程序的应用场景的不同，一般可以将爬虫程序分为两种类型：通用爬虫和聚焦爬虫。

通用爬虫又称全网爬虫，爬行对象从一些种子 URL 扩充到整个 Web，主要为门户站点搜索引擎和大型 Web 服务提供商采集数据。这类网络爬虫对整个网站的页面进行抓取并下载到本地，形成一个镜像备份，需要处理和存储的数据量非常庞大，而且对爬行速度和存储空间的要求较高，通常作为搜索引擎（如百度、谷歌、必应、雅虎等）抓取系统中的一个重要组成部分。通用爬虫适用于为搜索引擎搜索广泛的主题，有较强的应用价值。

但是通用爬虫也存在一定的局限性，如下所示。

（1）通用搜索引擎所返回的结果都是网页，而网页中的广告、轮播图、导航等区域的信息大部分是无效数据。

（2）不同领域、不同背景的用户往往具有不同的检索目的和需求，搜索引擎在没有用户数据的情况下，无法提供针对具体某个用户的搜索结果。

（3）随着万维网数据形式的丰富和网络技术的不断发展，音频、视频等多媒体数据大量出现，由于版权保护的问题，使用通用搜索引擎不能正常地获取这些内容。

（4）通用搜索引擎大多提供基于关键字的检索，难以支持更高级的语义信息查询，无法准确理解用户的具体需求。

针对以上局限性，通过聚焦爬虫技术可以进行有效改善。

聚焦爬虫是指选择性地抓取那些与预先定义好的主题相关页面的网络爬虫。与通用爬虫的区别在于：聚焦爬虫在实施网页提取时，只需要对特定地址的页面进行抓取，并且会对内容进行筛选，尽量保证只提取与需求相关的网页信息，提取的信息相对更加精准化，可获取常规的手动方式不容易获取的信息。

10.1.2　爬虫原理

网络爬虫抓取数据的过程可以理解为模拟网页浏览器（如 Chrome、Edge、IE、Firefox、360 浏览器等）操作的过程。浏览器作为一种互联网工具软件，它的主要功能是向服务器发出请求，并把返回来的数据在浏览器窗口进行解释和呈现。

通常使用浏览器打开一个网页的过程如下。

（1）在浏览器的地址栏输入需要访问的网址。

（2）经过 DNS 服务器找到服务器主机，向服务器发送一个请求。

（3）服务器经过解析处理后返回给用户结果（包括网页、脚本、样式等文件内容）。

（4）浏览器接收到结果，对其进行解释后通过浏览器窗口呈现给用户。

浏览器主要通过 HTTP 与服务器进行通信，HTTP 通信由两部分组成：客户端请求消息（Request）与服务器响应消息（Response）。浏览器通过 Request 对象向服务器发送请求，而服务器则通过 Response 对象把结果返回给浏览器。

与浏览器操作不同，网络爬虫还要实现自动化处理以及对网页内容的提取，爬虫的基本流程如图 10.1 所示。

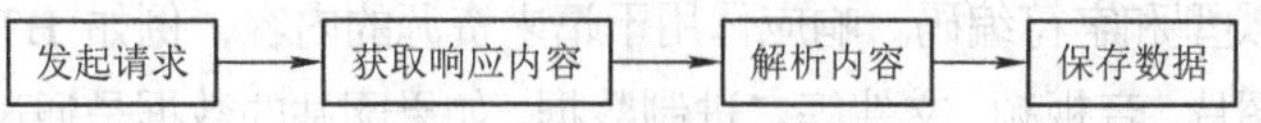

发起请求　→　获取响应内容　→　解析内容　→　保存数据

图 10.1　爬虫的基本流程图

1. 发起请求

通过 HTTP 库向目标站点发起请求，也就是发送一个 Request，请求可以包含额外的 Header 等信息，等待服务器响应。Request 中主要包含了请求方式、请求 URL、请求头、请求体 4 个部分，如图 10.2 所示。

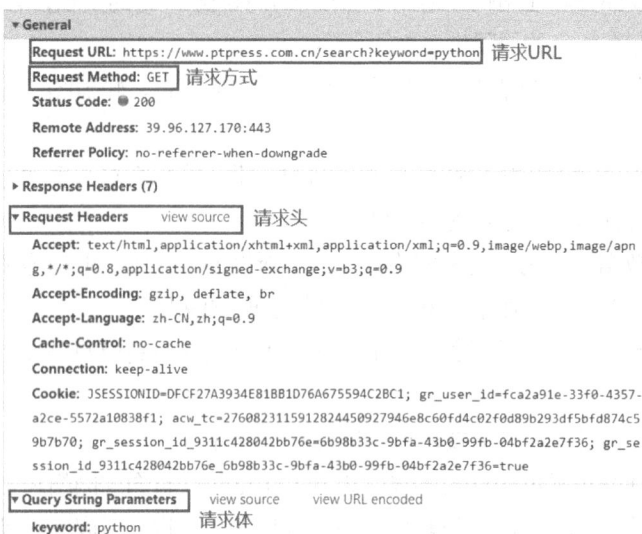

图 10.2　Request 报文结构

请求方式主要有 GET 和 POST 两种常用类型，GET 请求的数据拼接在 URL 中，而 POST 请求的数据封装在头部。

请求 URL 的格式由 4 个部分组成：协议、主机、端口、路径。URL，即统一资源定位符，也就是我们常说的网址，统一资源定位符是对可以从互联网上得到的资源的位置和访问方法的一种简洁的表示，是互联网上标准资源的地址。互联网上的每个文件都有一个唯一的 URL，通过它包含的文件的位置信息，浏览器才能访问页面。例如，图 10.2 所示的 URL 地址中 https 是采用的协议，www.ptpress.com.cn 是主机对应的域名（域名后面可以省略端口，https 默认为 433，http 默认为 80），/search?keyword=python 是页面对应的路径以及访问的参数。

请求头包含请求时的头部信息，如 User-Agent、Content-Type、Host、Cookies 等信息，服务端以此来获取客户端的相关信息。

请求体是携带的数据，当一个页面中的表单（Form）以 POST 方式提交时，它会将表单中的组件值通过键值对形式编码成一个格式化串发送给服务器。

2. 获取响应内容

如果服务器能正常响应，则会得到一个 Response，Response 由 3 个部分组成，分别是响应状态、响应头、响应体。响应状态用状态码表示，例如 200 表示响应成功，404 表示无法找到被请求的页面，500 表示服务器错误。响应头由多个属性组成，如图 10.3 所示，其中的 Content-Type 属性用来告诉客户端返回资源文件的类型和字符编码。响应体用于请求资源的内容，例如 HTML、JSON、XML 等文本形式数据，或者图片、音视频、文件等二进制数据。如果网站的数据是通过 Ajax（异步 JavaScript 和 XML，是指一种创建交互式网页应用的网页开发技术）动态加载的，就会造成请求获取的页面和浏览器显示的页面不同，还需要通过 Selenium、Splash、PyV8 以及 Ghost.py 等库来模拟 JavaScript 渲染。

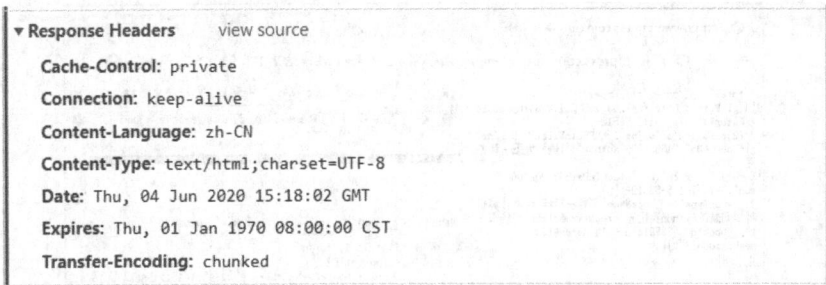

图 10.3　Response 响应头

3. 解析内容

对于获取到的文本类型数据，还需要进一步解析其中的内容，然后提取有用的局部数据，常见的文本格式有 HTML、JSON、XML 等。HTML 格式的数据一般都是开放访问的，而大部分 XML 和 JSON 格式的数据则需要授权才能通过调用得到数据。

HTML 称为超文本标记语言，是一种标识性的语言。它包括一系列标签，通过这些标签可以将网络上的文档格式统一，使分散的 Internet 资源连接为一个逻辑整体。标准的超文本标记语言文件都具有一个基本的整体结构，即超文本标记语言文件的开头与结尾标志和超文本标记语言的头部与实体两大部分。头部中包含的标记是页面的标题、序言、说明等内容，实体是网页中要显示的内容。图 10.4 所示的左边为 HTML 源代码，右边为浏览器中的预览效果。HTML 数据常用的解析器有 re 正则匹配、html.parser、BeautifulSoup、lxml 等。

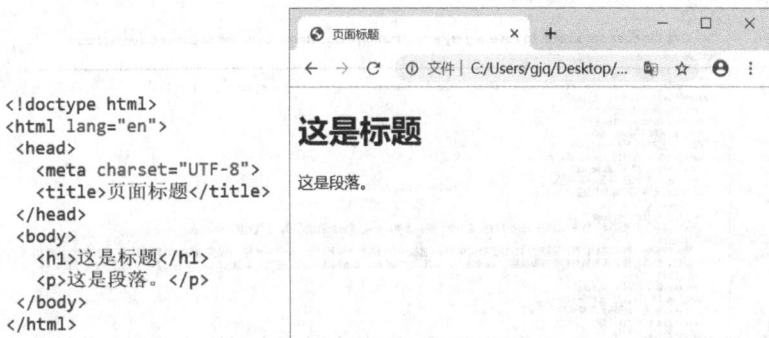

图 10.4　HTML 文档源代码与效果图

JSON（JavaScript Object Notation，JS 对象简谱）是一种轻量级的数据交换格式，采用完全独立于编程语言的文本格式来存储和表示数据，简洁和清晰的层次结构使得 JSON 成为理想的数据交换语言。任何 Python 支持的类型都可以通过 JSON 来表示，如字符串、数字、对象、数组等。对象和数组是比较特殊且常用的两种类型。对象指在 JavaScript 中使用花括号{}包裹起来的内容，其数据结构为{key1:value1, key2:value2,…}的键值对结构。数组指在 JavaScript 中方括号[]包裹起来的内容，其数据结构为[{key1:value1, key2:value2,…}, {key1:value1, key2:value2,…}，…]的索引结构。对象和数组类型可以互相嵌套。图 10.5 所示是通过人民邮电出版社网站的查询 URL 地址获取的内容，图中的左边为 JSON 源代码，右边为结构示意效果。JSON 数据可以直接使用 json 模块来进行解析。

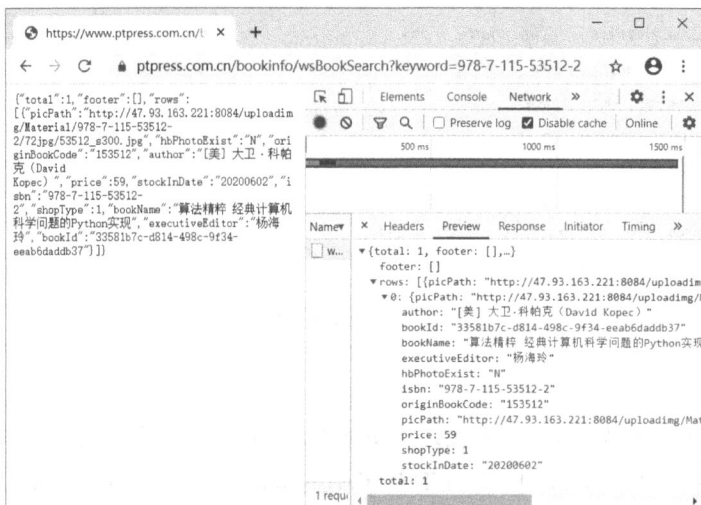

图 10.5　JSON 源代码与结构

　　XML 即可扩展标记语言，是一种用于标记电子文件使其具有结构性的标记语言。它允许用户定义自己的标签和文档结构，提供统一的方法来描述和交换独立于应用程序或供应商的结构化数据。XML 文件格式是纯文本格式，但与 HTML 主要用来显示数据的功能不同，它主要用来进行数据传输和交换。XML 文档必须包含根元素，该元素是所有其他元素的父元素。每个 XML 元素包括一个开始标签、一个结束标签以及两个标签之间的内容。图 10.6 所示为调用天气接口返回的 XML 格式的福州市近 3 天的天气数据。XML 数据可以通过 SAX、DOM 及 ElementTree 3 种方法来解析。

图 10.6　福州市天气的 XML 数据

4. 保存数据

　　爬虫抓取的数据通过解析之后提取了其中有价值的数据，这些数据需要永久保留下来。如果数据量比较小可以用文件直接保存，但是通常是存储到数据库（如 MySQL、Oracle、SQL Server、MongoDB、Redis 等）中，方便后期对数据进行查询和统计。

10.2 爬虫三大库

10.2.1 Requests 库

Requests 库用于在 Python 中发出标准的 HTTP 请求。它能够将请求背后的复杂性抽象成一个简单的 API，调用程序只需专注于与服务器交互的数据。它基于 urllib 改写而来的，但是比 urllib 更加方便，可以节约大量的工作，而且完全满足 HTTP 的使用需求。

Requests 库是第三方库，使用之前需要先安装，安装命令如下：

pip install requests

安装成功之后，在代码中也要先导入该模块：

import requests

1. 发送 GET 请求

requests 发送 GET 请求的格式如下：

requests.get(url=url, params=params, headers=headers)

说明　　　　url 参数是请求地址，headers 是请求头，params 是查询字符串，也就是附带的参数。

例 10.1　获取人民邮电出版社网站的首页内容。程序代码如下：

```
import requests
result = requests.get('https://www.ptpress.com.cn/')
result.encoding='utf-8'
print(result.text[0:272].strip())
```

程序运行后输出的内容如下：

```
<!DOCTYPE html>
<html lang="zh-CN">
<head>
  <meta charset="utf-8">
  <meta name="renderer" content="webkit">
  <meta http-equiv="X-UA-Compatible" content="IE=edge">
  <meta name="viewport" content="width=device-width, initial-scale=1">
  <title>人民邮电出版社</title>
```

本例中，通过 get()方法得到服务器的响应内容，存在 result 中。result 是一个 Response 对象，可以用该对象的属性去获取响应的各种信息。在例 10.1 中，可以使用 encoding 属性来设置 Response 对象编码，设置为 utf-8 可以避免中文乱码；通过 text 属性可以取出字符形式的响应内容（HTML 源代码）；此外还可以使用 status_code 属性获取响应的状态码。

例 10.2　从人民邮电出版社网站获取"python"方面的图书信息。程序代码如下：

```
import requests
payload = {'keyword': 'python'}
```

```
result = requests.get('https://www.ptpress.com.cn/bookinfo/wsBookSearch', params=payload)
result.encoding='utf-8'
print(result.text[-100:-3])
```

程序运行后输出的内容如下：

```
"bookName":"Python Web 编程","executiveEditor":"祝智敏","bookId":"b51fde14-948f-4a66-
af9d-c66d3350c439"
```

本例中，通过传递 URL 参数，设置 keyword 为 python，获取的是"python"方面的图书信息。

例 10.3　获取 JSON 响应内容。程序代码如下：

```
import requests
payload = {'keyword': 'python'}
result = requests.get('https://www.ptpress.com.cn/bookinfo/wsBookSearch',params=payload)
result.encoding='utf-8'
j = result.json()
print(j['rows'][0]['bookName'])
```

程序运行后输出的内容如下：

算法精粹 经典计算机科学问题的 Python 实现

本例中，返回的内容不是 HTML 格式而是 JSON 格式的数据，通过 json()方法可以把结果转为字典对象，然后通过属性名 rows 可以直接取出查询回来的列表，再通过下标 0 获取第一个元素，最后通过属性名 bookName 得到书名。

例 10.4　通过定制请求头来获取响应内容。程序代码如下：

```
import requests
headers={
 "Host": "www.ptpress.com.cn",
 "User-Agent":"Mozilla/5.0 (Windows NT 10.0; Win64; x64) AppleWebKit/537.36 (KHTML, like
Gecko) Chrome/77.0.3865.120 Safari/537.36"
 }
result=requests.get("https://www.ptpress.com.cn/",headers=headers)
result.encoding='utf-8'
print(result.text[0:272].strip())
```

程序的运行结果与例 10.1 相同。

在获取网页内容时，有些网站如果不加请求头 headers 模拟浏览器发送请求，会返回错误信息。User Agent 中文名为用户代理，它是一个特殊字符串头，使得服务器能够识别客户端使用的浏览器及版本、操作系统及版本、CPU 类型等。

2. 发送 POST 请求

requests 发送 POST 请求的格式如下：

requests.post(url=url, data=params, headers=headers)

url 是请求地址，data 是发送编码为表单形式的数据，headers 是请求头。

例 10.5　发送 POST 请求。程序代码如下：

```python
import requests
url = 'http://httpbin.org/post'
data = {'username':'admin','password':'123456'}
r =requests.post(url,data)
print(r.json())
```

程序运行后输出的内容如下：

```
{'args': {}, 'data': '', 'files': {}, 'form': {'password': '123456', 'username': 'admin'},
'headers': {'Accept': '*/*', 'Accept-Encoding': 'gzip, deflate', 'Content-Length': '30',
'Content-Type': 'application/x-www-form-urlencoded', 'Host': 'httpbin.org', 'User-Agent':
'python-requests/2.21.0'}, 'json': None, 'origin': '27.156.26.117, 27.156.26.117', 'url':
'https://httpbin.org/post'}
```

"httpbin.org" 这个网站能测试 HTTP 请求和响应的各种信息，本例中通过 post()方法发送了
username 和 password 的数据。从打印的信息可以看到，表单形式的测试数据 username 和 password
已经成功返回。一般情况下，如果服务器不对方法进行限制，那么提交的数据比较大时采用 POST
方式，数据比较小时采用 GET 方式。

10.2.2　BeautifulSoup 库

BeautifulSoup 是一个 HTML、XML 的解析器，它提供了一些简单的、Python 式的函数用来处理
导航、搜索、修改分析树等功能，使用它是可以快速地从网页中抓取指定的数据。BeautifulSoup 支
持 Python 标准库中的 HTML 解析器，还支持一些第三方的解析器，如果我们不安装它，则 Python
会使用 Python 默认的解析器。

BeautifulSoup 库的安装命令如下：

pip install beautifulsoup4

BeautifulSoup 模块的导入代码如下：

```python
from bs4 import BeautifulSoup
```

创建 BeautifulSoup 对象的一般格式如下：

BeautifulSoup(markup, "html.parser")

markup 为字符串或者字节类型，是要解析的文档内容，html.parser 是标准库中的
HTML 解析器，也可以采用 lxml 第三方库，解析速度更快。

例 10.6　解析 HTML 文档。程序代码如下：

```
from bs4 import BeautifulSoup
html_doc = """
<html><head><title>The Dormouse's story</title></head>
<body>
<p class="title"><b>The Dormouse's story</b></p>
<p class="story">Once upon a time there were three little sisters; and their names were
<a href="http://www.ptpress.com.cn/elsie" class="sister" id="link1">Elsie</a>,
<a href="http://www.ptpress.com.cn/lacie" class="sister" id="link2">Lacie</a> and
<a href="http://www.ptpress.com.cn/tillie" class="sister" id="link3">Tillie</a>;
and they lived at the bottom of a well.</p>
"""
soup = BeautifulSoup(html_doc, 'html.parser')
print(soup.title)  #获取 title 标签
print(soup.title.string)  #获取 title 标签的内容
print(soup.head)  #获取 head 标签
print(soup.find(name="p",class_='title'))  #获取 class 属性为 title 的 p 标签
print(soup.a)  #获取第一个 a 标签
print(soup.select('#link2'))  #获取 id 为 link2 的节点列表
print(soup.find(id="link3"))  #获取 id 为 link3 的节点
print('开始遍历 a 标签：')
for item in soup.find_all(name="a"):  #获取所有的 a 标签
    print(item.get("href"))
    print(item.get_text())
print('遍历 a 标签结束！')
```

程序运行后输出的内容如下：

```
<title>The Dormouse's story</title>
The Dormouse's story
<head><title>The Dormouse's story</title></head>
<p class="title"><b>The Dormouse's story</b></p>
<a class="sister" href="http://www.ptpress.com.cn/elsie" id="link1">Elsie</a>
[<a class="sister" href="http://www.ptpress.com.cn/lacie" id="link2">Lacie</a>]
<a class="sister" href="http://www.ptpress.com.cn/tillie" id="link3">Tillie</a>
开始遍历 a 标签：
http://www.ptpress.com.cn/elsie
Elsie
http://www.ptpress.com.cn/lacie
Lacie
http://www.ptpress.com.cn/tillie
Tillie
遍历 a 标签结束！
```

　　本例使用 BeautifulSoup 对一段 HTML 代码进行解析，构造完 BeautifulSoup 对象后，可以通过 title、head 属性获取文档中标题和头部的信息，通过标签名 a 可以获取第一个 a 标签。find() 方法可以查找满足条件的第一个标签，name 参数指定标签名称，id 和 class_ 来设定标签的过滤条件。select() 方法和 find_all() 方法可以查找满足条件的节点列表，通常需要进一步遍历来取出里面的内容。查找到或者遍历到节点时，利用 get() 方法和 get_text() 方法可以获取标签的属性值和文本内容。

例 10.7　从天猫人民邮电出版社官方旗舰店获取热销排行榜前 5 名的图书信息。程序代码如下：

```python
import requests
from bs4 import BeautifulSoup
url = "https://rmydcbs.tmall.com/"
page = requests.get(url)
soup = BeautifulSoup(page.content, 'html.parser')
booklist = soup.find_all(name='div',class_='ks-switchable-trigger')
booklist = booklist[0:5]
for topic in booklist:
  book = topic.find(name='h3')
  print(book.get_text())
```

程序运行后输出的内容如下：

```
现货速发 秋叶 Offic...
正版 Linux 就该这么...
正版简笔画大全 10000...
学电脑 Windows10...
【视频课程】简笔画变变变...
```

从互联网的网页中获取数据时，首先要导入 Requests 库，使用 get()方法去获取网页内容，content 属性获取的是字节型的数据，BeautifulSoup 可以直接解析数据。接着需要分析热销排行榜的 HTML 标签的特征，排行榜的图书信息在 div 标签中，标签的 class 属性为 ks-switchable-trigger，书名在 h3 标签中，如图 10.7 所示。程序通过 find_all()方法找出所有 class 为 ks-switchable-trigger 的列表项目，再通过 find()方法找出对应的书名所在的标签，最后用 get_text()方法取出书名。

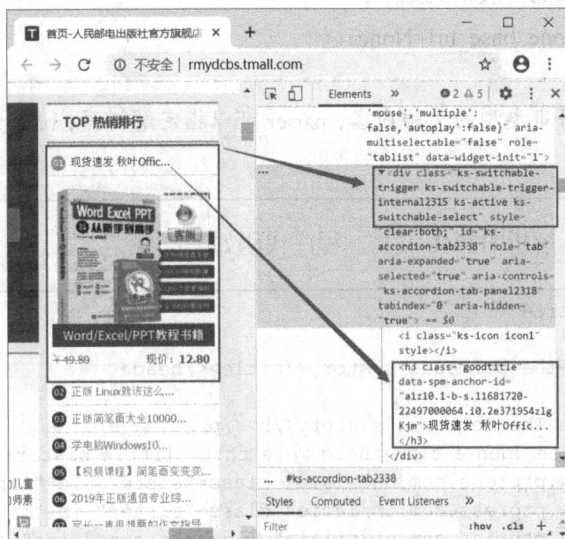

图 10.7　热销排行榜

10.2.3　lxml 库

lxml 是 Python 的一个解析器，支持 HTML/XML 的解析，支持 XPath 解析方式，而且解析效率非常高。XPath 的全称为 XML Path Language，即 XML 路径语言，它是一门在 XML 文档中查找信息的语言，但是它同样适用于 HTML 文档的搜索，XPath 常用规则如表 10.1 所示。

表 10.1   XPath 常用规则

表达式	描述
nodename	选取此节点的所有子节点
/	从当前节点选取直接子节点
//	从当前节点选取子孙节点
.	选取当前节点
..	选取当前节点的父节点
@	选取属性
*	通配符，选择所有元素节点与元素名
@*	选取所有属性
[@attrib]	选取具有给定属性的所有元素
[@attrib='value']	选取给定属性具有给定值的所有元素
[tag]	选取所有具有指定元素的直接子节点
[tag='text']	选取所有具有指定元素并且文本内容是 text 的节点

lxml 库的安装命令如下：

pip install lxml

lxml 模块的导入代码如下：

```
from lxml import etree
```

创建 lxml 节点树对象的一般格式如下：

HTML(text, parser=None, base_url=None)

说明

    text 为字符串类型的文档内容，parser 可以指定解析器，base_url 用来设置文档的原始路径。

例 10.8   利用 XPath 解析 HTML 文档。程序代码如下：

```
from lxml import etree
html_doc = """
<html><head><title>The Dormouse's story</title></head>
<body>
<p class="title"><b>The Dormouse's story</b></p>
<p class="story">Once upon a time there were three little sisters; and their names were
<a href="http://www.ptpress.com.cn/elsie" class="sister" id="link1">Elsie</a>,
<a href="http://www.ptpress.com.cn/lacie" class="sister" id="link2">Lacie</a> and
<a href="http://www.ptpress.com.cn/tillie" class="sister" id="link3">Tillie</a>;
and they lived at the bottom of a well.</p>
"""
tree=etree.HTML(html_doc)
print(tree.xpath('//p[@class="title"]/b')[0].text)
print(tree.xpath('//a[@id="link2"]')[0].text)
linklist=tree.xpath('//a')   #获取所有的 a 标签
```

```
print('开始遍历 a 标签: ')
for link in linklist:
    print(link.get('href'),link.text)
print('遍历 a 标签结束! ')
```

程序运行后输出的内容如下:

```
The Dormouse's story
Lacie
开始遍历 a 标签:
http://www.ptpress.com.cn/elsie Elsie
http://www.ptpress.com.cn/lacie Lacie
http://www.ptpress.com.cn/tillie Tillie
遍历 a 标签结束!
```

本例采用 lxml 库的 xpath() 来解析例 10.6 中的文档,先用 HTML() 方法构造节点树对象,然后通过路径 "//p[@class="title"]/b" 获取所有 p 标签中 class 属性为 "title" 的子节点中标签为 b 的节点列表,接着通过路径 "//a[@id="link2"]" 获取所有 a 标签中 id 属性为 "link2" 的节点列表,最后通过路径 "//a" 获取所有链接节点,并打印出链接的地址和文本内容。

例 10.9　利用 XPath 获取天猫人民邮电出版社官方旗舰店热销排行榜前 5 名的图书信息。程序代码如下:

```
import requests
from lxml import etree
url = "https://rmydcbs.tmall.com/"
page = requests.get(url)
tree=etree.HTML(page.text)
booklist=tree.xpath('//div[@class="ks-switchable-trigger"]/h3')
booklist = booklist[0:5]
for book in booklist:
    print(book.text)
```

程序运行后输出的内容与例 10.7 相同,但是上面的程序中采用了 lxml 解析器,通过路径 "//div[@class="ks-switchable-trigger"]/h3" 直接获取热销的图书名称,这种方法更加简洁高效。

10.3　Scrapy 框架

10.3.1　Scrapy 爬虫框架

Scrapy 是一个为爬取网站数据,提取结构性数据而编写的应用框架,它可以应用在数据挖掘、信息处理或存储历史数据等一系列的程序中。Scrapy 爬虫框架如图 10.8 所示。

Scrapy 爬虫框架主要由以下几个部分构成。

(1) Spiders:爬虫,定义了爬取的逻辑和网页内容的解析规则,主要负责解析响应并生成结果和新的请求。

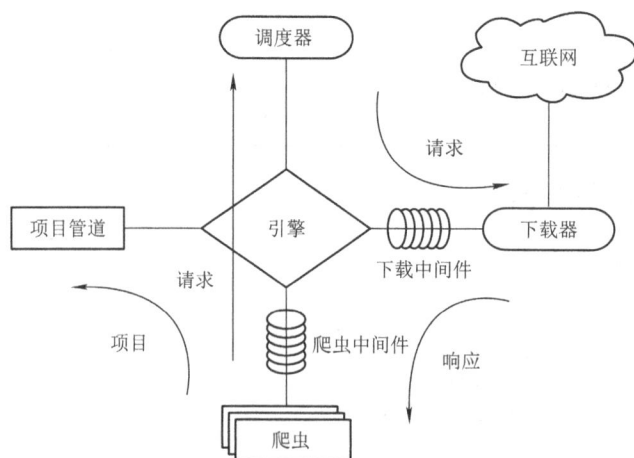

图 10.8　Scrapy 爬虫框架图

（2）Scrapy Engine：引擎，处理整个系统的数据流，触发事务，是整个框架的核心。

（3）Scheduler：调度器，接收引擎发过来的请求，并将其加入队列中，在引擎再次请求时将请求提供给引擎。

（4）Downloader：下载器，下载网页内容，并将下载内容返回给爬虫。

（5）Item Pipeline：项目管道，负责处理爬虫从网页中抽取的数据，对数据进行清洗、验证和向数据库中存储数据。

（6）Downloader Middlewares：下载中间件，是位于引擎和下载器之间的框架，主要工作是处理 Scrapy 引擎与下载器之间的请求及响应。

（7）Spider Middlewares：爬虫中间件，是介于引擎和爬虫之间的框架，主要工作是处理爬虫的响应输入和请求输出。

图 10.8 中箭头表示数据的流向。Scrapy 开始运行时，首先引擎从调度器中取出一个链接 URL；然后引擎把 URL 封装成一个请求 Request 传给下载器，下载器把资源下载下来并封装成应答包 Response；最后爬虫解析应答包 Response，若解析出实体 Item，则交给项目管道进行进一步的处理；若解析出的是链接 URL，则把 URL 交给调度器等待抓取。

10.3.2　Scrapy 的安装

Scrapy 的安装命令如下：

pip install scrapy

因为 Scrapy 需要依赖大量第三方包，如 pyOpenSSL、lxml、Twisted 等，所以安装过程会比较慢。如果 pip 在自动下载、安装 Twisted 时，提示以下错误：

error:Microsoft Visual C++ 14.0 is required. Get it with "Microsoft Visual C++ Build Tools":http://landinghub.visualstudio.com/visual-cpp-build-tools

出现这种情况时，可以先到第三方库下载网站下载对应版本的 wheel 文件，并在本地计算机上进行安装。例如，在 64 位的 Windows 操作系统上面安装 Python 3.7 对应的 wheel 文件 Twisted-19.7.0-cp37-cp37m-win_amd64.whl，下载之后，在下载目录下输入以下指令：

pip install Twisted-19.7.0-cp37-cp37m-win_amd64.whl

10.3.3　Scrapy 的使用

Scrapy 通过命令方式来创建项目和相应的文件，下面以抓取当当网人民邮电出版社官方旗舰店销量排行榜的榜单为例来说明 Scrapy 的基本使用方法，销量排行榜单如图 10.9 所示。

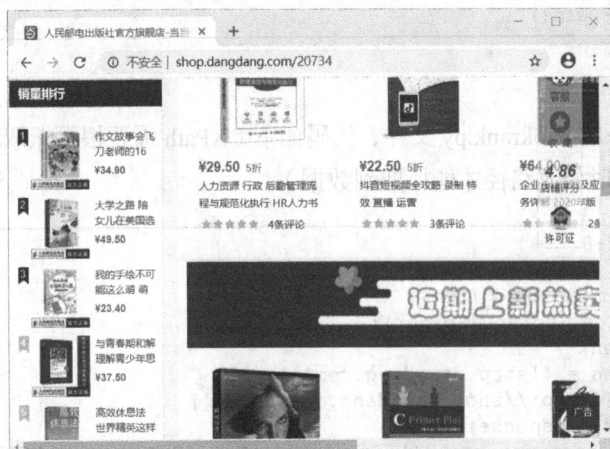

图 10.9　当当网人民邮电出版社官方旗舰店销量排行榜单

1. 创建项目

先通过以下命令来创建一个爬虫项目：

scrapy startproject book

命令执行之后会显示以下执行结果（命令执行的路径不同，显示的结果也会有所不同）：

```
New Scrapy project 'book', using template directory
'c:\users\administrator\appdata\local\programs\python\python37-32\lib\site-packages\scra
py\templates\project', created
    in:c:\dangdang\book
You can start your first spider with:
    cd book
    scrapy genspider example www.ptpress.com.cn
```

创建之后，项目的文件结构如图 10.10 所示。

其中 items.py 用来设置数据存储模板，用于提取结构化数据；pipelines.py 用来定义 Item Pipeline 的实现，实现数据的清洗、存储、验证；settings.py 是全局配置；spiders 目录用来存放 Spider 文件，每个 Spider 文件就是一个爬虫类。

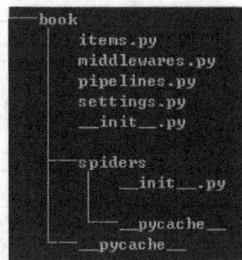

图 10.10　目的文件结构图

2. 创建 Spider

进入 spiders 目录，创建一个 bookrank.py 文件，命令如下：

cd book/book/spiders

scrapy genspider bookrank shop.dangdang.com

其中 bookrank 表示文件名，最后的参数为要抓取的网站。

3. 设置数据存储模板

修改 items.py 文件，代码如下：

```
# -*- coding: utf-8 -*-
import scrapy
class BookItem(scrapy.Item):
    # define the fields for your item here like:
    bookname = scrapy.Field()
    rank= scrapy.Field()
```

4. 编写爬虫

修改 spiders 目录下的 bookrank.py 文件，代码如下（XPath 需要根据抓取的数据事先分析好，当页面内容变更时也要及时修改路径才能抓取到数据）：

```
# -*- coding: utf-8 -*-
import scrapy
from book.items import BookItem
class BookrankSpider(scrapy.Spider):
    name = 'bookrank'
    allowed_domains = ['shop.dangdang.com']
    start_urls = ['http://shop.dangdang.com/20734']
    def parse(self, response):
        booklist = response.xpath('//div[@name="m5367613_pid0_t14775"]/ul/li')
        for book in booklist:
            item = BookItem()
            item['bookname'] = book.xpath('./p[@class="name"]/a/text()').extract()[0]
            item['rank'] = book.xpath('./span/text()').extract()[0]
            yield item
```

xpath()方法中的 text()表示取当前节点中的文本内容，yield 语句每次返回一个采集的数据 item。

5. 设置配置文件

在 settings.py 文件中增加如下内容（编码 gb18030 是为了导出包含中文的 CSV 文件）：

```
ITEM_PIPELINES = {
   'book.pipelines.BookPipeline': 100,
}
FEED_EXPORT_ENCODING = 'gb18030'
```

修改爬虫规则，代码如下：

```
ROBOTSTXT_OBEY = False
```

6. 编写数据处理脚本

修改 pipelines.py 文件，代码如下：

```
# -*- coding: utf-8 -*-
import os
import csv
class BookPipeline(object):
    def __init__(self):
        # CSV 文件的位置，无须事先创建
        store_file = os.path.dirname(__file__) + '/spiders/books.csv'
        #打开（创建）文件
```

```
    self.file = open(store_file, 'w', newline = '')
    #CSV 文件的写法
    self.writer = csv.writer(self.file, dialect="excel")
def process_item(self, item, spider):
    self.writer.writerow([item['bookname'], item['rank']])
    return item
def close_spider(self, spider):
    #关闭爬虫时顺便将文件保存退出
    self.file.close()
```

7. 执行爬虫

在项目根目录下输入指令：

scrapy crawl bookrank

执行结果如图 10.11 所示。抓取的数据保存在 spiders 目录下的 book.csv 文件中，文件内容如图 10.12 所示。

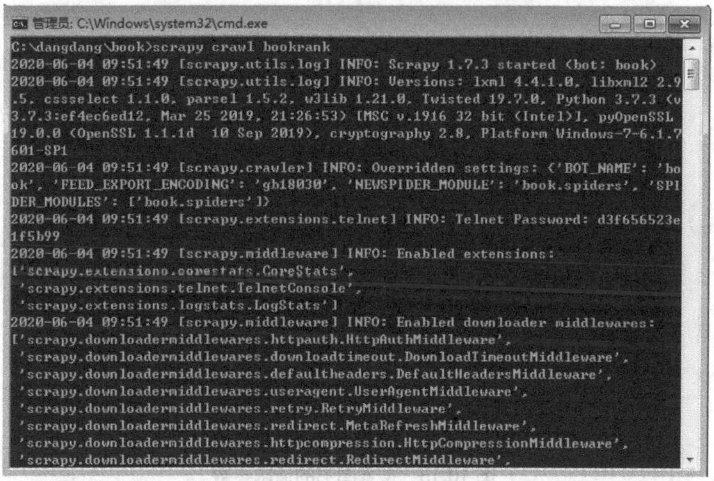

图 10.11　Scrapy 执行爬虫命令

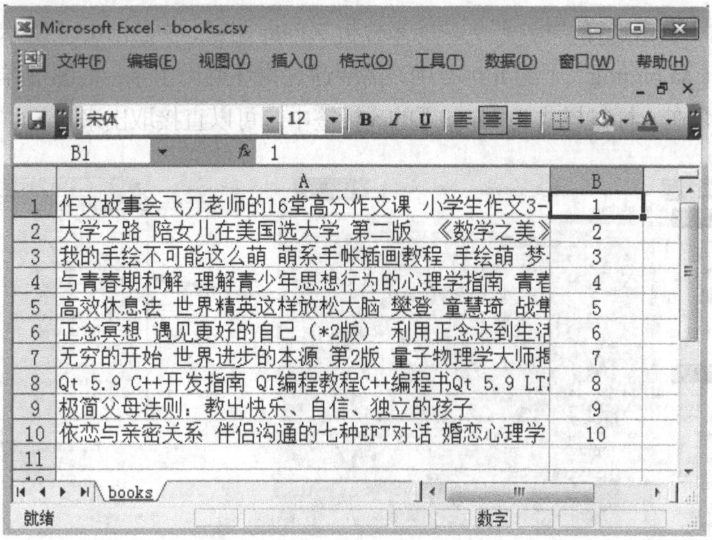

图 10.12　保存数据的 csv 文件内容

10.4　实例解析

1. 案例说明

用 Scrapy 框架编写爬虫项目抓取当当网人民邮电出版社官方旗舰店中搜索关键词为"计算机"的前两页的图书信息，包括书名、作者以及销售价格。

2. 爬虫思路

（1）URL 地址分析。通过谷歌浏览器的开发者工具中的 Network 查看查询的请求数据，如图 10.13 所示，关键词通过参数 key 传递，而页码通过参数 page_index 传递。例如，要抓取网站中搜索关键词为"计算机"的第二页的图书列表的 URL 地址中的参数为"key=%E8%AE%A1%E7%AE%97%E6%9C%BA&page_index=2#pos"，其中中文字符要通过 URL 编码。

图 10.13　搜索图书的请求参数

在图书的列表中，每本图书的标题就是一个链接，可以通过该链接获取图书的详情。通过谷歌浏览器的审查元素（右击选择"检查"）功能来分析 XPath 路径，如图 10.14 所示，图书的列表项在 ul 标签样式为"list_aa bigimg"下的 li 标签中，需要通过循环遍历出来，而图书详情页的链接地址如图 10.15 所示，包含在 p 标签样式为 name 下的 a 标签中，可以直接取出来。

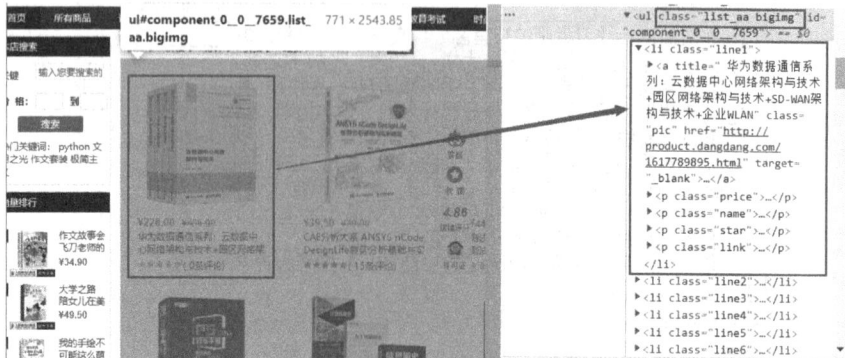

图 10.14　图书列表

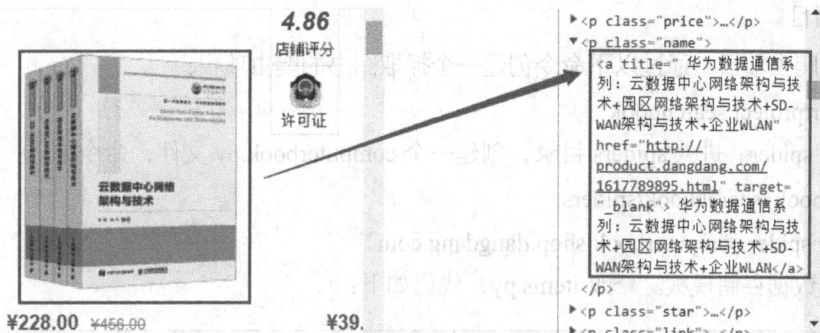

图 10.15　图书详情页面链接地址

（2）图书详情页分析。图书的详情页如图 10.16 所示，包含了书名、作者和销售价格等信息。根据抓取的内容，需要在页面源码里面去分析对应标签的特征，也可以直接在谷歌浏览器中，选择要抓取的标签，通过右击 Copy XPath 快速复制路径，如图 10.17 所示。通过快速复制后，得到的书名路径为//*[@id="product_info"]/div[1]/h1，作者的路径为//*[@id="author"]，销售价格信息的路径为//*[@id="dd-price"]。

图 10.16　图书详情页面

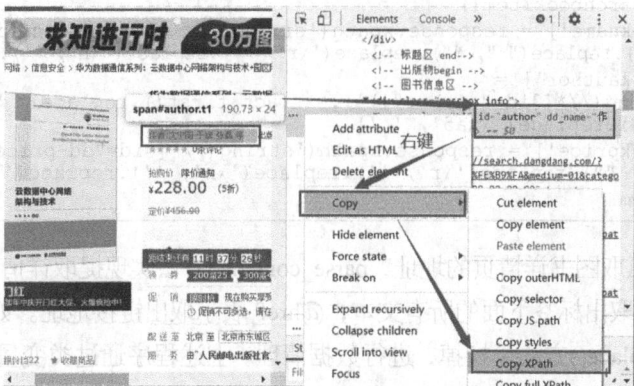

图 10.17　快速复制 XPath

3. 编写项目

（1）创建爬虫项目。通过以下命令创建一个抓取图书的爬虫项目：

scrapy startproject searchbook

（2）创建 spider。进入 spiders 目录，创建一个 computerbook.py 文件，命令如下：

cd searchbook /searchbook/spiders

scrapy genspider computerbook shop.dangdang.com

（3）设置数据存储模板。修改 items.py，代码如下：

```
# -*- coding: utf-8 -*-
import scrapy
class SearchbookItem(scrapy.Item):
    # define the fields for your item here like:
    bookname = scrapy.Field()  # 图书名称
    bookauthor = scrapy.Field()  # 作者
    bookprice = scrapy.Field()  # 价格
```

（4）编写爬虫。修改 spiders 目录下的 computerbook.py 文件，代码如下：

```
# -*- coding: utf-8 -*-
import scrapy
from searchbook.items import SearchbookItem
class ComputerbookSpider(scrapy.Spider):
    name = 'computerbook'
    allowed_domains = ['shop.dangdang.com','product.dangdang.com']
    start_urls = ['http://shop.dangdang.com/20734/list.html?key=%E8%AE%A1%E7%AE%97%E6%
9C%BA&page_index=1#pos']
    page = 1  # 页码
    def parse(self, response):
        linklist = response.xpath('//ul[@class="list_aa bigimg"]/li')
        for link in linklist:
            detaillink = link.xpath('./p[@class="name"]/a/@href').extract()[0]  # 图书详情地址
            yield scrapy.Request(detaillink, callback=self.parse_content)
        ComputerbookSpider.page = ComputerbookSpider.page + 1
        # 抓取下一页的列表
        next_url = 'http://shop.dangdang.com/20734/list.html?key=%E8%AE%A1%E7%AE%97%
E6%9C%BA&page_index=' + str(ComputerbookSpider.page) + "#pos"
        if ComputerbookSpider.page <= 1:  # 抓取页码范围
            yield scrapy.Request(next_url, callback=self.parse)
    def parse_content(self, response):
        item = SearchbookItem()
        item['bookname'] = response.xpath('string(//*[@id="product_info"]/div[1]/
h1)').extract_first().replace(" ", "").replace('\r', '').replace('\n', '').replace('\xa5', ' ')
        item['bookauthor'] =
response.xpath('string(//*[@id="author"])').extract_first().replace(" ", "").replace('\r',
'').replace('\n', '').replace('\xa5', ' ')
        item['bookprice'] = response.xpath('string(//*[@id="dd-price"])').extract_
first().replace(" ", "").replace('\r', '').replace('\n', '').replace('\xa5', ' ')
        yield item
```

　　parse()方法实现抓取图书详情页的地址，parse_content()方法实现提取详情页的数据内容。XPath 中的 string()函数实现取出标签下面的所有文本，@href 表示取出链接地址。如果文本内容包含一些特殊字符，可以用 replace()方法替换掉，进行数据清理。上述程序通过类变量 ComputerbookSpider.page 把页数限定为 2，实际操作中可以自行修改抓取范围。

（5）设置配置文件。在 settings.py 文件中增加如下内容（DOWNLOAD_DELAY 表示时间间隔，一般情况下不要连续抓取）：

```
ITEM_PIPELINES = {
  'searchbook.pipelines.SearchbookPipeline': 300,
}
FEED_EXPORT_ENCODING = 'gb18030'
DOWNLOAD_DELAY = 3
修改爬虫规则，代码如下：
ROBOTSTXT_OBEY = False
```

（6）编写数据处理脚本。修改 pipelines.py 文件，代码如下：

```
# -*- coding: utf-8 -*-
import os
import csv
class SearchbookPipeline(object):
    def __init__(self):
        #CSV 文件的位置，无须事先创建
        store_file = os.path.dirname(__file__) + '/spiders/computerbook.csv'
        #打开（创建）文件
        self.file = open(store_file, 'w', newline = '')
        #CSV 文件写法
        self.writer = csv.writer(self.file, dialect="excel")
    def process_item(self, item, spider):
        self.writer.writerow([item['bookname'], item['bookauthor'], item['bookprice']])
        return item
    def close_spider(self, spider):
        #关闭爬虫时顺便将文件保存退出
        self.file.close()
```

（7）执行爬虫。在项目根目录下输入以下指令：

scrapy crawl computerbook

4. 采集结果

每页列表中的图书有 24 本，采集两页的总数为 48 本，数据保存在 computerbook.csv 文件中，部分图书内容如图 10.18 所示。

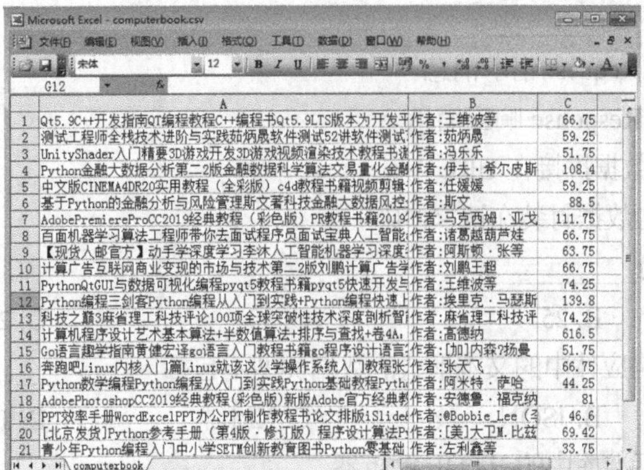

	A	B	C
1	Qt5.9C++开发指南QT编程教程C++编程书Qt5.9LTS版本为开发平	作者:王维波等	66.75
2	测试工程师全栈技术进阶与实践茹炳晟软件测试52讲软件测试	作者:茹炳晟	59.25
3	UnityShader入门精要3D游戏开发3D游戏视频渲染技术教程书谜	作者:冯乐乐	51.75
4	Python金融大数据分析第二2版金融数据科学算法交易量化金融	作者:伊夫·希尔皮斯	108.4
5	中文版CINEMA4DR20实用教程（全彩版）c4d教程书籍视频剪辑	作者:任媛媛	59.25
6	基于Python的金融分析与风险管理斯文著科技金融大数据风控	作者:斯文	88.5
7	AdobePremiereProCC2019经典教程（彩色版）PR教程书籍2019	作者:马克西姆·亚戈	111.75
8	百面机器学习算法工程师带你去面试程序员面试宝典人工智能	作者:诸葛越葫芦娃	66.75
9	【现货人邮官方】动手学深度学习李沐人工智能机器学习深度	作者:阿斯顿·张等	63.75
10	计算广告互联网商业变现的市场与技术第二2版刘鹏计算广告学	作者:刘鹏王超	66.75
11	PythonQtGUI与数据可视化编程pyqt5教程书籍pyqt5快速开发与	作者:王维波等	74.25
12	Python编程三剑客Python编程从入门到实践+Python编程快速上	作者:埃里克·马瑟斯	139.8
13	科技之巅3麻省理工科技评论100项全球突破性技术深度剖析智	作者:麻省理工科技评	74.25
14	计算机程序设计艺术基本算法+半数值算法+排序与查找+卷4A	作者:高德纳	616.5
15	Go语言趣学指南黄健宏译go语言入门教程书籍go程序设计语言	作者:[加]内森?扬曼	51.75
16	奔跑吧Linux内核入门篇Linux就该这么学操作系统入门教程张	作者:张天飞	66.75
17	Python数学编程Python编程从入门到实践Python基础教程Pyth	作者:阿米特·萨哈	44.25
18	AdobePhotoshopCC2019经典教程(彩色版)新版Adobe官方经典教	作者:安德鲁·福克纳	81
19	PPT效率手册WordExcelPPT办公PPT制作教程书论文排版iSlide	作者:@Bobbie_Lee（	46.6
20	[北京发货]Python参考手册（第4版·修订版）程序设计算法P	作者:[美]大卫M.比兹	69.42
21	青少年Python编程入门中小学SETM创新教育图书Python零基础	作者:左利鑫等	33.75

图 10.18　保存图书内容的 csv 文件

10.5　本章小结

网络爬虫是一种按照一定的规则，自动地抓取万维网信息的程序或者脚本。一般可以将爬虫程序分为通用爬虫和聚焦爬虫。通用爬虫适用于搜索引擎，而聚焦爬虫适用于选择性地抓取那些与预先定义好的主题相关的页面。

爬虫的基本流程包括发起请求、获取响应内容、解析内容、保存数据 4 个步骤。发送请求的 Request 中主要包含了请求方式、请求 URL、请求头、请求体 4 个部分。请求方式主要有 GET 和 POST 两种常用类型。服务器响应的 Response 由响应状态、响应头、响应体 3 个部分组成。响应体常见的文本格式有 HTML、JSON、XML 等，其中 HTML 格式最为常见。对响应体的内容进行抓取之后可以将其保存到文件或者数据库中。

爬虫三大库包括 Requests、BeautifulSoup、lxml。Requests 库用于在 Python 中发出标准的 HTTP 请求。BeautifulSoup 是一个 HTML、XML 的解析器，可以快速地从网页中抓取指定的数据。lxml 是 Python 的一个高效的解析器，支持 XPath 解析方式。

Scrapy 是一个为爬取网站数据，提取结构性数据而编写的应用框架。它主要由爬虫、引擎、调度器、下载器、项目管道、下载中间件、爬虫中间件 7 个部分组成。

10.6　习题

1. 选择题

（1）下列说法错误的是_____。

　　A. 通用爬虫适用于为搜索引擎搜索广泛的主题

　　B. 通用爬虫对爬行速度和存储空间的要求较高

　　C. 聚焦爬虫会对整个网站的页面进行抓取

　　D. 聚焦爬虫提取的信息更加精准

（2）浏览器主要通过_____与服务器进行通信。

　　A. FTP　　　　　　B. HTTP　　　　　　C. Telnet　　　　　D. DNS

（3）下列说法错误的是_____。

　　A. 客户端通过 Request 请求消息

　　B. 服务器通过 Response 响应消息

　　C. GET 请求的数据拼接在 URL 中

　　D. POST 请求的数据封装在请求体中

（4）http 默认端口为_____。

　　A. 433　　　　　　B. 25　　　　　　　C. 80　　　　　　　D. 23

（5）Response 中的响应体中的文本形式的数据类型不包括_____。

　　A. HTML　　　　　B. JSON　　　　　　C. XML　　　　　　D. JPEG

（6）_____是标准库中的 HTML 解析器。

　　A. lxml　　　　　　B. BeautifulSoup　　　C. html.parser　　　D. Scrapy

（7）_____表示选取给定属性具有给定值的所有元素。

　　　A. [tag='text']　　　B. [tag]　　　　　　C. [@attrib='value']　D. [@attrib]

（8）_____主要负责解析响应并生成结果和新的请求。

　　　A. 爬虫　　　　　　　B. 引擎　　　　　　　C. 下载器　　　　　　D. 项目管道

2. 填空题

（1）一般可以将爬虫程序分为两种类型：_____和_____。

（2）请求方式主要有_____和_____两种常用类型。

（3）状态码_____表示响应成功。

（4）_____称为超文本标记语言。

（5）_____库用于在 Python 中发出标准的 HTTP 请求。

（6）Scrapy 通过_____来创建项目和相应的文件。

3. 编程题

（1）利用 request 库抓取必应网站首页的信息。

（2）利用 BeautifulSoup 库获取豆瓣网站上小说页面中的图书信息。

（3）利用 lxml 库获取豆瓣网站上小说页面中的图书信息。

附录：全国计算机等级考试二级Python语言程序设计考试大纲（2018年版）

基本要求

1. 掌握 Python 的基本语法规则。

2. 掌握不少于 2 个基本的 Python 标准库。

3. 掌握不少于 2 个 Python 第三方库，掌握获取并安装第三方库的方法。

4. 能够阅读和分析 Python 程序。

5. 熟练使用 IDLE 开发环境，能够将脚本程序转变为可执行程序。

6. 了解 Python 计算生态在以下方面（不限于）的主要第三方库名称：网络爬虫、数据分析、数据可视化、机器学习、Web 开发等。

考试内容

一、Python 语言基本语法元素

1. 程序的基本语法元素：程序的格式框架、缩进、注释、变量、命名、关键字、数据类型、赋值语句、引用。

2. 基本输入输出函数：input()、eval()、print()。

3. 源程序的书写风格。

4. Python 的特点。

二、基本数据类型

1. 数字类型：整数类型、浮点数类型和复数类型。

2. 数字类型的运算：数值运算操作符、数值运算函数。

3. 字符串类型及格式化：索引、切片、基本的 format() 格式化方法。

4. 字符串类型的操作：字符串操作符、处理函数和处理方法。

5. 类型判断和类型之间的转换。

三、程序的控制结构

1. 程序的 3 种控制结构。

2. 程序的分支结构：单分支结构、双分支结构、多分支结构。

3. 程序的循环结构：遍历循环、无限循环、循环控制（break 和 continue 语句）。

4. 程序的异常处理：try…except 语句。

四、函数和代码复用

1. 函数的定义和使用。

2. 函数的参数传递：可选参数传递、参数名称传递、函数的返回值。

3. 变量的作用域：局部变量和全局变量。

五、组合数据类型

1. 组合数据类型的基本概念。

2. 列表类型：定义、索引、切片。

3. 列表类型的操作：列表的操作函数、列表的操作方法。

4. 字典类型：定义、索引。

5. 字典类型的操作：字典的操作函数、字典的操作方法。

六、文件和数据格式化

1. 文件的使用：文件打开、读写和关闭。

2. 数据组织的维度：一维数据和二维数据。

3. 一维数据的处理：表示、存储和处理。

4. 二维数据的处理：表示、存储和处理。

5. 采用 CSV 格式对一维、二维数据文件进行读写。

七、Python 计算生态

1. 标准库：turtle 库（必选）、random 库（必选）、time 库（可选）。

2. 基本的 Python 内置函数。

3. 第三方库的获取和安装。

4. 脚本程序转变为可执行程序的第三方库：PyInstaller 库（必选）。

5. 第三方库：jieba 库（必选）、wordcloud 库（可选）。

6. 更广泛的 Python 计算生态，只要求了解第三方库的名称，不限于以下领域：网络爬虫、数据分析、文本处理、数据可视化、用户图形界面、机器学习、Web 开发、游戏开发等。

考试方式

上机考试，考试时长 120 分钟，满分 100 分。

一、题型及分值

1. 单项选择题 40 分（含公共基础知识部分 10 分）。
2. 操作题 60 分（包括基本编程题和综合编程题）。

二、考试环境

Windows 7 操作系统，建议 Python 3.4.2~Python 3.5.3 版本，IDLE 开发环境。

王用源／编著

高等院校通识教育新形态系列教材

写作与沟通

慕课版

人民邮电出版社

北　京

图书在版编目（CIP）数据

写作与沟通 : 慕课版 / 王用源编著. -- 北京 : 人
民邮电出版社，2021.5
高等院校通识教育新形态系列教材
ISBN 978-7-115-56065-0

Ⅰ. ①写… Ⅱ. ①王… Ⅲ. ①汉语－应用文－写作－
高等学校－教材②人际关系学－高等学校－教材 Ⅳ.
①H152.3②C912.11

中国版本图书馆CIP数据核字(2021)第036452号

内 容 提 要

　　语言表达能力包括书面语表达能力和口语表达能力。本书以项目式的教学形式设计了不同的学习、生活和工作场景，针对每个场景设定不同的写作任务和沟通任务，通过日常沟通、命题演讲、即兴发言、组织活动、举办会议、开展工作、毕业求职、论文答辩、商务活动、竞聘就职、调查策划等场景对应用文书写作和沟通技能进行讲解，旨在提升读者的语言表达能力。

　　本书可作为普通高等院校写作与沟通等相关课程的教材，也可以作为企事业单位从业人员的培训用书或参考用书。

◆ 编　著　王用源
责任编辑　楼雪樵
责任印制　王　郁　焦志炜

◆ 人民邮电出版社出版发行　　北京市丰台区成寿寺路 11 号
邮编　100164　电子邮件　315@ptpress.com.cn
网址　https://www.ptpress.com.cn
北京鑫丰华彩印有限公司印刷

◆ 开本：787×1092　1/16
印张：13.5　　　　　　　　　　2021 年 5 月第 1 版
字数：316 千字　　　　　　　　2024 年 8 月北京第 12 次印刷

定价：49.80 元

读者服务热线：**(010)81055256**　印装质量热线：**(010)81055316**
反盗版热线：**(010)81055315**
广告经营许可证：京东市监广登字 20170147 号